刘师银◎著

藝癭堂藏石選

壽嘉華

百石 百词
百书 百印

安徽师范大学出版社

· 芜湖 ·

图书在版编目(CIP)数据

艺瘦堂藏石选：百石、百词、百书、百印 / 刘师银著. —芜湖：安徽师范大学出版社，2021.9
ISBN 978-7-5676-5300-9

Ⅰ.①艺… Ⅱ.①刘… Ⅲ.①观赏型 – 石 – 收藏 – 中国 – 图集 Ⅳ.①G262.9-64

中国版本图书馆CIP数据核字(2021)第182591号

艺瘦堂藏石选：百石、百词、百书、百印

刘师银◎著

YISHOUTANG CANGSHI XUAN：BAISHI、BAICI、BAISHU、BAIYIN

责任编辑：胡志恒　　　　　责任校对：胡志立
装帧设计：张德宝　　　　　责任印制：桑国磊
出版发行：安徽师范大学出版社
　　　　　芜湖市北京东路1号安徽师范大学赭山校区

网　　址：http://www.ahnupress.com/
发 行 部：0553-3883578　5910327　5910310(传真)
印　　刷：浙江新华数码印务有限公司
版　　次：2021年9月第1版
印　　次：2021年9月第1次印刷
规　　格：787 mm × 1092 mm　　1/16
印　　张：10.5
字　　数：182千字
书　　号：ISBN 978-7-5676-5300-9
定　　价：136.00元

本书顾问名单（排名不分先后）

马浩瀚（宿州）

王　琥（芜湖）

仲天举（北京）

朱典淼（芜湖）

孙淮滨（灵璧）

孙礼强（灵璧）

江　民（池州）

陈民府（宿州）

张琼虎（杭州）

张家夫（南京）

张　弘（芜湖）

吴玉伟（徐州）

李志宁（北京）

李相彬（宁国）

邱　铭（芜湖）

施刘章（上海）

姚　祥（芜湖）

奚智明（芜湖）

钱永涛（芜湖）

曹　毅（淄博）

程继争（宁国）

藝瘦堂藏石選

寿嘉华

● 寿嘉华，女，中国观赏石协会创会会长，《宝藏》杂志社社长，曾任地质矿产部副部长、国土资源部副部长

藏石求真
做人求实

欣闻藝瘦堂藏石选一书付梓谨录
刘师银石友座右铭石贺
孙淮滨

● 孙淮滨，安徽省文史馆馆员，当代著名书画家，赏石家，著名文化学者，灵璧石文化泰斗，安徽省非物质文化遗产（灵璧钟馗画）代表性传承人，国家级非物质文化遗产（赏石艺术）代表性传承人

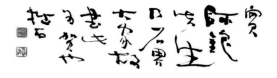

● 陈民府，宿州市观赏石协会创会会长，中国灵璧石研究院创院院长，中国观赏石协会高级顾问

● 后其仁，中国书法家协会会员，安徽省书法家协会第一、二、三届理事，安徽省芜湖市书画院院聘书画家，安徽省芜湖市书法家协会名誉主席

以文賞石 以石富文 賞石之道 賞者文化

師銀先生囑正 癸巳年正月 雷烈勇

● 雷烈勇，中国书画研究院研究院常务理事、安徽省书画研究院艺术顾问

遠離世俗 修德性 雲枕石不染塵

為藝慶堂石書

乙未年夏月 題於淄博 竹蘭書屋

八三叟 陳東升

● 陈东升，曾任中国观赏石协会科学与艺术顾问，山东淄博赏石文化社社长，高级编辑，书法家

为石欢喜为石书

——《艺瘦堂藏石选——百石、百词、百书、百印》序

荆 毅

中国赏石界稍有成就的藏家都会认为：每一方石头皆有两次生命，一次是物质生命，万年沉积生长于地球之表，苍古而悠久；一次是艺术生命，被人觅得欣赏于心神之间，清奇而当下。前者属天造之功，后者乃人文之趣。本书主角刘师银先生和夫人鲍建生女士，就是这样一对给石头以艺术生命的伉俪。

赏石艺术是一种发现的艺术，它需要赏石者不断亲身体验、不断积累知识、不断思考总结，从发现美石到表现美石，非一朝一夕之功，只有日积月累才能抵达新的高度！观赏石的审美，包含赏石语言的词汇有：造型、色彩、纹理、质地、韵味，以及该类石种的稀有性、奇特性以及地理成因、形成难度，等等。这些赏石理念的形成，取决于赏石者本人对石种的大量了解和实践，赏石者皆拥有一双与美石互赏的慧眼，还有互爱的怦然心动。

赏石艺术在2014年11月被国务院批准为国家级非物质文化遗产保护项目。当你打开本书，就会发现这是一本宣传和推广赏石艺术的独特的著作，它在形式上与其他艺术门类作了完美融合。

在中国赏石界，从古至今有影响的赏石艺术类著作，或仅仅有文无图，或仅仅有图无文，都有不足之处，而出一部集石、词、书、印、文俱全的赏石类著作，做前无古人的事，是著者追求的目标。

编著者自2017年初着手准备，从自身收藏的奇石中，选取100方形状各异的奇石为载体，由芜湖籍诗人张双柱先生为其分别创作古词100阕，并由多位国内书法家为主创，将100阕词书写成书法作品收入本书，由奇石收藏者刘师银先生将100方奇石的题名篆刻成名章，并由鲍建生女士对每一方奇石作精彩的文字点评。

这部以石为媒的著作，石、词、书、印、文俱全，在国内特别是赏石界、

收藏界，都是前无古人的，填补了安徽省乃至全国的一个空白。

全书分为"天工雕塑——象形石"（51款）、"天工彩绘——画面石"（17款）、"天工创意——景观石"（32款）、"阅石有言——艺瘦堂主赏石文选"（8篇）四个篇章编排。

《艺瘦堂藏石选——百石、百词、百书、百印》，内容翔实，图文精美，既阳春白雪，又下里巴人，是集收藏、文字、书法、印章欣赏为一体的一本好书。

本书编著者刘师银先生，芜湖市人，号艺瘦堂主，不雕室主，现为中国观赏石协会理事，《新民晚报》社区版"中华奇石报"顾问，皖南赏石联谊会（筹）秘书长，皖南观赏石文化研究会学术顾问，芜湖市观赏石协会顾问，铜陵市长江石文化协会顾问。在赏石界有较高的知名度与影响力。本书另一位创意人、这一百方美石共同收藏者鲍建生女士，与编著者刘师银是一对石界知名的伉俪，现担任皖南观赏石文化研究会理事、铜陵长江石文化协会理事。早在2015年，他们就已将自己的藏品编辑成《艺瘦堂藏石选》一书，为芜湖乃至皖南赏石界第一本个人赏石类著作。

2017年3月，在刘师银先生的倡导和组织下，"皖南赏石联谊会（筹）"在旌德县宣告成立，这一消息被《新民晚报》（社区版）"中华奇石报"整版报道，在全国著名的河北省石家庄市的大型石展上，发送7000多份，取得了很好的宣传效果。目前，皖南赏石联谊会已从成立时10个市县协会的发起人成员，发展为拥有江南和江北的18个会员单位，影响力在全国不断扩大。

近年来，刘师银先生在全国各类报刊及国家级公众号上，发表赏石艺术类文章30多篇，为国内赏石界所熟知，常作为贵宾被邀请参加赏石文化研讨会和赏石文化博览会。

2020年11月16日，刘师银、鲍建生夫妇创建的芜湖市乃至皖南赏石界的第一个公益性石馆"镜湖赏石艺术陈列馆"，在芜湖市镜湖区文化馆举行了揭牌仪式，普惠一方市民。

改革开放以来，中国赏石类著作出现很多，最具代表性的为中国观赏石协会寿嘉华会长主编的《中国石谱》，古今赏石文化内容最为丰富，收录的奇石品种最为齐全，是古今赏石类著作集大成者，为古今赏石文化的扛鼎之作！

《艺瘦堂藏石选——百石、百词、百书、百印》一书，虽体量不大，无法与上述著作相提并论，但是，刘师银先生另辟蹊径，将赏石、诗词、书法、印章这四个中国传统艺术形式，有机地结合起来，并以诗词、书法、印章来诠释一方石头，集个人奇石收藏之精之巨，实属前无古人，开我国赏石文化之先河。

"藏石求真，做人求实"，"以文赏石，以石富文，赏石之道，贵在文化"，这是艺瘦堂主刘师银先生赏石与做人的座右铭。我们期待他们这对石界伉俪，在赏石的道路上，百尺竿头，更进一步。让观赏石文化在美化城市环境、普及地质知识、提升群众文化品位、带动地方经济发展等方面，发挥越来越大的作用。

（作者为中国作家协会会员、芜湖市作协副主席）

目　录

天工雕塑——象形石

天工彩绘——画面石

天工创意——景观石

阅石有言——艺瘦堂主赏石文选

天工雕塑
——象形石

释文:象形
规格:1.8 cm × 1.8 cm

山花烂漫·春

山高水长桃花汛，
细雨无声润芳菲。
城外客舍凭栏望，
万紫千红总是春。
（刘师银　诗）

释文:山花烂漫
规格:2.0 cm × 3.0 cm

山花烂漫·春
石种:寿山石　规格:16 cm × 16 cm × 8 cm

题名：**神龙吟**

石种：戈壁玛瑙

产地：新疆

规格：17 cm × 11 cm × 10 cm

这是一方戈壁玛瑙，形若盘龙，又似一座盘龙山。龙头、龙角、龙眼、龙嘴、龙须皆可见。

这神龙的吟唱，如祖国大地上长江、黄河的滔滔之水的低吟，是奔流不息的涌动着的热血！这龙的尊严，龙的气度，在龙的故乡——中华民族的家园，助力中华民族的子民，昂首崛起于世界的东方！

破阵子·《神龙吟》

亿万年光叠翠，

三千世界蒙茸。

胜境豁如收眼底，

正气安然向谷中，

盘拏比卧龙。

隐伏综观雨集，

腾飞欲挟云从。

昂首奋髻风四起，

荡雾扫霾天九重，

孤吟气自雄。

葛国良（芜湖）书　　规格：140 cm × 70 cm

释文：神龙吟

规格：2.5 cm × 2.5 cm

题名:**牧龙人**

石种:英德石

产地:广东

规格:13 cm × 18 cm × 8 cm

这方取名为《牧龙人》的奇美英石,已作为艺瘦堂的新图腾传世。传说夏代刘累曾为帝养龙,而此石如一人坐于龙头,便以"牧龙人"名之。

葛文德(芜湖)书　　规格:135 cm × 35 cm

定风波·牧龙人

祖德无疆敕御龙,英山有石待凌风。物我浑然钟一气,天意,万千年又喜归宗。

细算往来无有负,何故,图腾归奉永相从。艺瘦石堂虽简陋,益寿,鸿儒促膝笑谈中。

释文:牧龙人

规格:2.5 cm × 2.5 cm

【补记】

艺瘦堂主姓刘,该词列举典实有:刘姓得姓始祖刘累及夏帝赐姓御龙氏;唐代诗人刘禹锡及名篇《陋室铭》。

题名: **千古一帝**

石种: 宣石

产地: 宣城

规格: 20 cm × 43 cm × 20 cm

此石俨如端坐着的秦始皇，有着皇帝的威严，取名"千古一帝"为泛指，并非指某一位皇帝。

浪淘沙·千古一帝

塞雁高飞人未还，留连光景惜朱颜。流水落花春去也，凭阑半日独无言。

【注】

集千古词帝李煜句:《长相思其一》《阮郎归》《浪淘沙》《虞美人其一》

梅建平(泾县)书　　规格: 70 cm × 46 cm

释文: 千古一帝

规格: 4.0 cm × 4.0 cm

藝瘦堂藏石録·石质石韵石意石趣

题名:**雄风**

石种:灵璧石

产地:灵璧县

规格:51 cm × 54 cm × 20 cm

似兽似犬,雄性特征凸显,半坐雄踞,面向远方,霸气十足!

调笑令·雄风

灵秀,灵秀,风划净无纤垢。咆哮气压昆仑,纵目威如兽神。神兽,神兽,好借雄风决骤。

释文:雄风

规格:2.0 cm × 3.0 cm

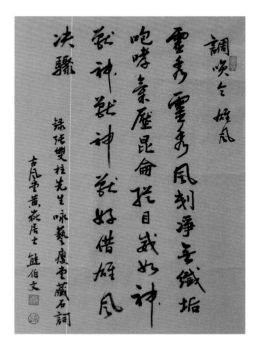

熊伯文(黄山)书　规格:70 cm × 60 cm

题名:**指日可待**

石种:彩灵璧石

产地:灵璧县

规格:24 cm×26 cm×20 cm

你身着鲜艳的红袍,真诚地躬着背,从宽大的衣袖中伸出手,指着天上的太阳,肯定地告诉你、我、他,所有的理想,都会在你们的努力下,很快就会实现!

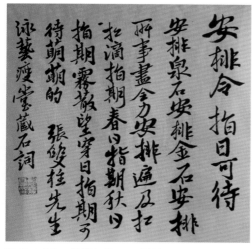

鲍凌云(女,芜湖)书　　规格:35 cm×35 cm

安排令·指日可待

安排泉石,安排金石,安排所事尽全力。安排遍及、杠杠滴。

指期春日,指期秋日,指期雾散望穿日。指期可待、萌萌的。

【注】

泉石:泉水和山石,泛指山水;金石:钟鼎彝器和碑碣石刻,通常指用以颂扬功德的箴铭。

【外一首】

安排令·醉

安排风醉,安排云醉,安排江海酒精兑。安排不了、忘情水。

一时杯碎,一时心碎,一时一把莫名泪。一时忽又、声声悔。

释文:指日可待

规格:2.5 cm×2.5 cm

题名:**角端献瑞**
石种:灵璧石
产地:灵璧
规格:43 cm×39 cm×21 cm

角端（lù duān）是一种中国神话传说中的神兽,与麒麟相似,头上一角。角端据说能够日行一万八千里,通四方语言。

寄寓了中国民众的美好愿望和祈盼,期盼国泰民安、生活富裕、人世昌隆、人寿年丰。

忆少年·角端献瑞

其神入化,其声绝俗,其容超格。麒麟相似也,此家藏奇石。

禀气清扬如着墨,伴明君、玉书传国。神灵角端也,佑吾华大吉。

释文:**角端献瑞**
规格:3.0 cm×3.0 cm

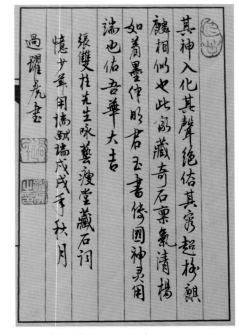

其神入化其声绝俗其容超格麒
麟相似也此家藏奇石禀气清扬
如着墨伴明君玉书传国神灵用
端也佑吾华大吉

张雙柱先生咏艺瘦堂藏石词

忆少年·角端献瑞戊子秋月

过跃虎画

过跃虎（芜湖）书　规格:34 cm×23 cm

题名:**凤栖高枝**

石种:彩灵璧石

产地:灵璧县

规格:45 cm × 34 cm × 22 cm

一方彩灵璧石,喻为彩凤。凤凰不落无宝之地,凤择良木而栖息,故取名《凤栖高枝》。

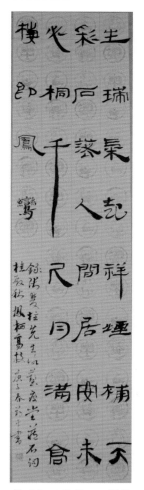

蒋平(五河)书　　规格:140 cm × 35 cm

释文:凤栖高枝

规格:3.5 cm × 2.0 cm

桂殿秋·凤栖高枝

生瑞气,起祥烟,补天彩石落人间。

居安未必桐千尺,月满高栖即凤鸾。

题名:**盛世宝鼎**

石种:英德石

产地:广东

规格:16 cm × 15 cm × 11 cm

西江月·盛世宝鼎

话说更生宝鼎,曾经隐没红埃。个中缘分两无猜,别有一番情在。
袖石昭彰盛世,平生企仰丹台。浮香最见匠心裁,引领时时躬拜。

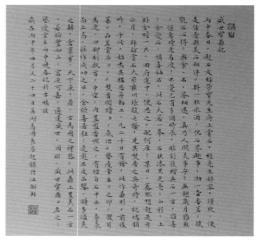

董金义(芜湖)书　　规格:28 cm × 28 cm　　　　葛国良(芜湖)书　　规格:33 cm × 33 cm

盛世宝鼎记

丙申春日，赴石友经荣宝先生府上赏石。

经先生好客，须臾，便是佳肴与美酒相伴。斟一杯水酒，侃石界趣事；沏一壶香茗，谈玩石心得。与石、食、茶、酒相遇，真乃人间美事乎？

无趣岁月难熬，惬意时光易度，不觉竟有多个时辰！临别获赠英石一方，窃喜！

余爱石，犹喜袖石。此石大若一拳，石肤漆黑光亮，包浆厚实，漏透相穿；山形，上卧金蟾一只。回府途中，便思之，配何座？

某日，蓦然思起是年正月，拜访赏石大家苏州张毅之际，见其焚香之具奇特，记忆犹昨。于此，始为其构思并动工，凡二十日有余。

此作鼎形，前后篆"品茗赏石""焚香阅读"，底治"艺瘦堂主"之印，双耳为虎，四脚刻兽首，中空，内置盘香燃之，有烟自石中出，袅袅而上焉。

该作成功之日，余欣喜若狂！遂邀石友品鉴，颇多溢美之辞。

仓廪实，天下庶！鼎，古为国之礼器。此鼎上置美石一方，若物丰如山，富庶可嘉，适逢盛世，因取"盛世宝鼎"名之！

艺瘦堂主丙申晚春记于古鸠兹

【跋】

本文写成后，曾恩请芜湖市文联原主席朱典森老师润色；再恩请芜湖市政府原秘书长、书画家葛国良老师挥毫，书就精致作品一幅，悬于"盛世宝鼎"一侧，甚是典雅大气！现又由诗人张双柱先生，作《西江月·盛世宝鼎》词一阕载于本书。

《盛世宝鼎记》一文，还曾刊载于我国著名赏石大家施刘章老师任总编的《新民晚报》社区版"中华奇石报"，向全国石友作了介绍。

本作品美石原所有人经荣宝先生，擅作花木盆景、山石景观，其专注英石收藏鉴赏二十余年，是皖南石界知名英石藏家。

赏石是一件快乐的事，如此以石、文、书经多人合作而为之，此一赏石活动，也成就了芜湖石界的一桩雅事。

（刘师银）

释文：盛世宝鼎

规格：2.0 cm × 2.0 cm

题名：**貔貅献材**

石种：灵璧黄壳凌石

产地：灵璧县

规格：22 cm × 24 cm × 22 cm

　　该石形似貔貅（拼音：pí xiū），别称"辟邪、天禄"，是中国古书记载和民间神话传说的一种凶猛的瑞兽。

　　现在民间认为：貔貅是聚财之兽，是避邪之兽。

陇头月·貔貅献财

　　如金似玉，其色难得，其神尤足。首尾龙形，乾坤眼界，果真天族。

　　凡人以此祈福，算也是、非它莫属。但愿长年，邪侵不入，财来照录。

释文：**貔貅献财**

规格：2.5 cm × 2.5 cm

如金似玉，其色难得，其神尤足。首尾龙形，乾坤眼界，果真天族。凡人以此祈福，算也是、非它莫属。但愿长年，邪侵不入，财来照录。

录拙双柱老生咏貔貅坐展石词　立安书

宋立安（芜湖）书　　规格：70 cm × 37 cm

题名：**一吻千年**

石种：宣石

产地：宣城

规格：22 cm × 42 cm × 41 cm

这方宣石，洁白纯净，形似男（左）女（右）相拥而吻，取名"一吻千年"。所谓海枯石不烂心不变，真情之爱得永远。

两同心·一吻千年

万古风情，一方宣石。日开颜、浅染霓裳；云驻足、静聆声息。有情人、一吻千年，历劫非易。

好个温然净白，痛怜深惜。知是你、疼我难言；知是我、爱你近溺。愿此生、永不分离，同呼共吸。

释文：一吻千年

规格：3.5 cm × 2.0 cm

梅建平（泾县）书　　规格：140 cm × 35 cm

題名:**神龟千寿**

石种:灵璧石

产地:灵璧县

规格:32 cm×15 cm×16 cm

神龟千寿，形象逼真。龟，是长寿动物，也比喻人的长寿，这是赏石文化中重要的传统文化题材，也是人们争相获取的石形之一，与龙、凤、麒麟一道，被称为传统赏石四大题材。

吴林（芜湖）书　　规格:134 cm×35 cm

释文:**神龟千寿**

规格:2.5 cm×2.5 cm

渔家傲·神龟千寿

异石深青涵古褐，其音谐激尤清越，其状时疑天造物。天造物，麒麟龙凤同称绝。

石不能言心若佛，无须雕饰堪施设，得便随时随所谒。随所谒，神龟千寿人三达。

题名:**旺旺**
石种:墨石
产地:广西
规格:28 cm×27 cm×17 cm

旺旺……旺旺……一只毛色黢黑发亮的狗儿,正兴奋地昂首狂吠着,这吠声的谐音,不正是六畜兴旺、五谷丰登的预告吗。

捣练子·旺旺

辞旧迎新,金犬贺岁。借奇石"旺旺"祝诗友、石友旺年大发,大发万年。

融积雪,发晴枝。总是平常日去时。旺旺一声迎万福,过年喜望又新机。

释文:旺旺
规格:2.0 cm×1.5 cm

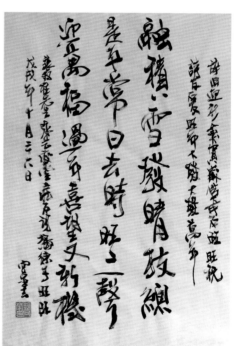

郝向荣(芜湖)书　　规格:70 cm×40 cm

题名:**藏獒-吉羊**

石种:宣石

产地:宣城

规格:17 cm × 12 cm × 7 cm

这是非常难得的一方宣石,一正一反,有两个都很到位的形象。狗与羊都属生肖石,有夫妻因属相为狗与羊,欲购此石而不得,此作当属石中精品。

杨海(天津)书　　　规格:176 cm × 47 cm

减兰·藏獒/吉羊

适逢旺岁,共愿国安民实惠。泰应青阳,再愿生生永吉祥。

羊犬尺璧,实乃所藏珍贵石。遇则为缘,三愿夫妻共百年。

释文:藏獒。吉羊

规格:1.8 cm × 1.5 cm

题名:**幼狮嬉戏**

石种:英德石

产地:广东

规格:20 cm×19 cm×5 cm

　　此英石状如幼狮,初试滚绣球时,回首张望之状,尤使人爱怜。也意涵喜庆氛围,似乎听到了锣鼓喧天、鞭炮齐鸣的欢乐之声。

杨海〔天津〕书　　规格:176 cm×47 cm

醉妆词·幼狮

一回首,再回首,二狗萌姿秀。

醉了秀,醒了秀,初试擎天手。

【注】

二狗,狮也。

释文:幼狮嬉戏

规格:2.5 cm×2.5 cm

张蕾（女，芜湖）书　　规格：45 cm × 35 cm

题名：**金木鱼**

石种：黄蜡石

产地：泾县

规格：20 cm × 26 cm × 20 cm

此石为黄蜡石，玉质，通透，形如木鱼。此石若置于晨钟暮鼓的幽境中，发出哒、哒、哒之声，可与诵经声和鸣。

祝东风·金木鱼

片石心同佛，
化作僧鱼点拨。
始识妙门深，
无量元来无物。
世也元无别，
出入皆开阔。
似我等闲心，
正合石、闲乘月。

释文：金木鱼

规格：2.0 cm × 2.0 cm

题名:**黑米王**

石种:乌金石

产地:旌德县

规格:16 cm × 35 cm × 11 cm

　　一方极似米粒的石头，饱满的形状，米嘴处那浅浅的凹槽，会使人叹服大自然这位雕塑家的高超技艺！

定西番·黑米王

　　我有黑金岩石，如米状，饱生生，润澄澄。

　　寓意自谋衣食，自家田自耕。合十道声珍惜，勒家铭。

释文:黑米王

规格:1.5 cm × 1.5 cm

季昌云(北京)书　　规格:33 cm × 33 cm

题名:**凤回首**
石种:灵璧石
产地:灵璧县
规格:20 cm × 12 cm × 4 cm

梧桐枝高可栖凤,回首当寻有宝地。一朝飞落凡人家,至此生活美如花。

望江东·凤回首

金凤高梧两奇伟,更要得、风云会。风清云净启灵瑞,放眼望、皆晴翠。

休将蝶恋花间泪,尽抛与、藩篱里。一程山水一程美,敢辜负、新华岁。

【注】

词牌《蝶恋花》又名《凤栖梧》。

释文:凤回首
规格:1.5 cm × 1.5 cm

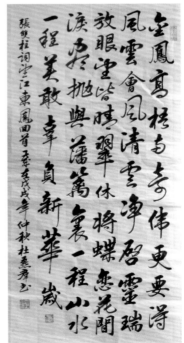

杜燕群(芜湖)书　　规格:116 cm × 55 cm

题名：**代代寿**

石种：徽文石

产地：旌德县

规格：18 cm × 26 cm × 17 cm

　　此石外形极似寿桃，且有金色的纹路呈条带状，包裹着这个寿桃，"带"与"代"谐音，所以，取名代代寿。

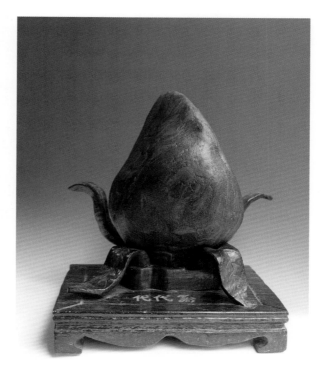

画堂春·代代寿

销磨瑕垢现前身，仙桃熟透香匀。教从寿满子孙门，富贵长春。

秀石升腾瑞气，和风簇拥祥云。朱红绶带紫金纹，一本天真。

释文：代代寿

规格：2.0 cm × 2.0 cm

　　　　　　　　　　刘师银（芜湖）书　　规格：60 cm × 33 cm

题名:**恐龙**

石种:灵璧磬石

产地:灵璧县

规格:68 cm×46 cm×16 cm

此灵璧石,极似书本及有关资料中描写的远古动物恐龙。恐龙是如何灭绝的,科学上仍无准确定论。现在,恐龙骨架与恐龙蛋的出土,得到了人们的青睐,也是价值奇高的收藏品。

蕃女怨·恐龙

万红千紫唯白垩,天废天作。任轮回,还独幕,坐筹帷幄。世人应为恐龙悲,莫相摧。

释文:恐龙

规格:1.5 cm×2.0 cm

陈义龙(芜湖)书　　规格:138 cm×38 cm

题名:**史前瑞兽**
石种:黄蜡石
产地:黄山
规格:27 cm × 15 cm× 9 cm

此石似兽非兽,只当"史前瑞兽"。今人不可见,史书不可见,已属想象之中的动物了。身裹黄金甲,来去无踪影,只留这顽石一方。

柳梢青·史前瑞兽

色比田黄。风行遐迩,玉化精良。直逼三家,远播六德,几近疯狂。威仪更比帝王,想象里、真龙凤凰。架上奇珍,史前瑞兽,我自收藏。

【注】

①三家,近年黄蜡石价位疯长,名气直逼田黄、和田、翡翠等名贵玉石。
②六德,黄蜡石具有湿、润、密、透、凝、腻六德。

宋立安(芜湖)书　　规格:70 cm × 40 cm

释文:**史前瑞兽**
规格:2.0 cm × 3.4 cm

题名:**凤约彩云归**

石种:彩灵璧石

产地:灵璧县

规格:23 cm×31 cm×10 cm

　　该红灵璧石,其形左为凤,右为凰,下有两孔谓祥云。古时赏石,遇有前后洞穿的孔可称锁云。所以,此石题名《凤约彩云归》。

章台柳·凤约彩云归

　　前生约,今生约,约得何时朝凤阙。彩磬声中五彩云,引度双飞和清越。

释文:凤约彩云归

规格:3.2 cm × 3.2 cm

前生約今生約　約得何時朝鳳闕　彩磬聲中五綵雲引度雙飛　和清越

章臺柳鳳約彩雲歸張棋柱題

綠靈璧石詞　歲次戊戌法然書

朱浩然(徐州)书　　规格:62 cm × 62 cm

題名: **犀牛望月**

石种: 太湖石

产地: 东至县

规格: 35 cm × 25 cm × 21 cm

此石如一头饱食后卧地的犀牛，昂首仰望天空，形神兼备。犀牛望月，喻所见到的不全面。犀牛的角是弯曲的，且长在眼睛前部，视线受到角的影响，看到的月亮也是弯的。正如赏石，永远不能看透一块石头所涵意义的全部，只能看到一部分。

眼儿媚·犀牛望月

太湖石瘦不为奇，此石若环肥。春光逗漏，月华渗透，缕悉依微。

犀牛观月人观石，蠡管测而窥。秋波妖媚，烟霞秀美，望眼迷离。

【**注**】

眼儿媚，又名秋波媚。

释文: 犀牛望月

规格: 2.0 cm × 2.5 cm

太湖石瘦不为奇此石若环肥春光逗漏月华渗透缕悉依微犀牛观石蠡管测而窥月人观秋波妖媚烟霞秀美望眼迷离犀牛望月 张双柱先生词 墨荣书

杨兴玲（女，合肥）书　规格: 33 cm × 24 cm

题名: **海狮顶球**

石种: 红灵璧石

产地: 灵璧县

规格: 23 cm × 38 cm × 13 cm

　　柔美的线条, 勾勒出外形十分具象的海狮, 这就是大自然赠送我们的海狮顶球的雕塑!

赤枣子·海狮顶球

　　萌哒哒, 顶呱呱, 憨顽可掬喜哈哈。应劫故教千载立, 本真赢得世人夸。

释文: 海狮顶球

规格: 2.2 cm × 3.6 cm

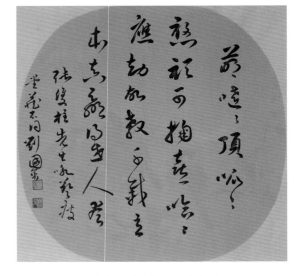

刘国平(南陵)书　　规格: 34 cm × 34 cm

题名: **麒麟献瑞**

石种: 宣石

产地: 宣城

规格: 32 cm × 28 cm × 14 cm

此石形似麒麟, 它是中国古代汉族神话传说中的传统神兽, 性情温和, 传说能活两千年。麒麟出没处, 必有祥瑞。有时用来比喻才能杰出、德才兼备的人。麒麟与青龙、白虎、朱雀、玄武并称为五大神兽。

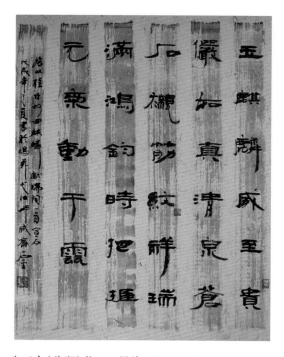

朱石金 (芜湖) 书   规格: 66 cm × 54 cm

甘州曲·麒麟献瑞

玉麒麟, 威至贵, 俨如真。清泉苍石衬筋纹。祥瑞满鸿钧。时把握, 精气动干云。

释文: 麒麟献瑞

规格: 2.5 cm × 2.5 cm

题名：**瑞兽戏珠**

石种：黄蜡石

产地：黄山

规格：12 cm × 21 cm × 10 cm

　　似狮？ 似虎？

狮虎兽？

　　金黄色的毛发，

裹着你强健的身体，

饱食后的休息，不

忘抱一只宝珠嬉戏，

遥望远方，像是准

备再一次的伏击！

缪正义（南陵）书　　规格：28 cm × 28 cm

梧桐影·瑞兽戏珠

　　红玉珠，黄金兽。今日把玩聊
自娱，何时一试调元手。

释文：瑞兽戏珠

规格：2.5 cm × 2.5 cm

题名:**幼狮**

石种:宣石

产地:宣城

规格:60 cm × 43 cm × 34 cm

　　憨度可掬的一头幼狮,呈卧姿,悠闲地侧首张望,颈脖处一个天然的圆孔,似一个坠在胸前的铜铃,更增添了它的顽皮与可爱。

恰恰辞 · 幼狮

　　石不能言最可人。林间气色,世外精神。这方石、便活脱脱也见天真。立比警钟,卧比蟠龙,须臾叱咤风云。长大后、也为吾华守国门。

释文:幼狮

规格:1.2 cm × 1.2 cm

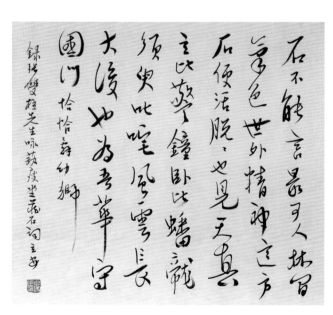

宋立安(芜湖)书　　规格:50 cm × 50 cm

题名:**喜鹊登梅**
石种:灵璧石
产地:灵璧县
规格:17 cm×6 cm×6 cm

老梅树上喜鹊来,有喜自然乐开怀。欲听喜鹊叫喳喳,多栽好树多种花。

探春令·喜鹊登梅

一方灵璧,许知天运,亦知人意。遂缘化鹊心相缔,了一段、金仙旨。

登梅报我多多喜,又开春节气。莫厌烦、尽日喳喳,单调偏入知音耳。

释文:**喜鹊登梅**
规格:2.0 cm×2.0 cm

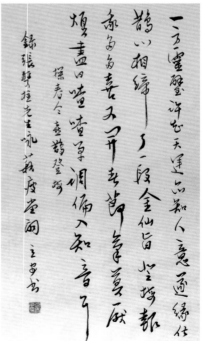

宋立安(芜湖)书　　　规格:69 cm×37 cm

题名:**凤形古灯**
石种:灵璧石
产地:灵璧县
规格:13 cm × 10 cm × 8 cm

　　此石石表呈绿色,好像青铜锈蚀斑块包裹全身,形如古代凤形铜油灯。

菩萨蛮·凤形古灯

　　斯形若凤音如磬,其香尤冷缘尤净。夜读伴先贤,今仍供案前。

　　灯花谁剪去,油尽又谁续?远古与当今,今心见古心。

葛国良(芜湖)书　　规格:140 cm × 35 cm

释文:凤形古灯
规格:1.5 cm × 3.5 cm

题名：**上古春笋**

石种：类化石

产地：东至县

规格：20 cm × 22 cm × 11 cm

这是在东至县仙寓山附近的西山洞中游玩时，偶然得到的一方奇石。

从细部特征可以看到，有竹节，有根须，顶部有孔，并在表面有尚未脱落的层层笋衣。从石表线条可以看到，这应是三根毛竹笋在突遭自然灾害后，所剩残笋挤压在一起，经久远的岁月沉淀而形成。

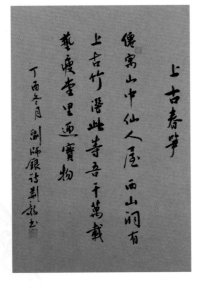

丁酉中秋游仙寓山得《上古春笋》石

仙寓山中仙人屋，

西山洞有上古竹。

潜此等吾千万载，

艺瘦堂里迎宝物。

艺瘦堂主刘师银题

董金义（芜湖）书　　　规格：70 cm × 46 cm

齐天乐·[上古春笋] 并序
（东至竹化石）

丁酉中秋，艺瘦堂主夫妇赴皖南探险采石。东至仙寓山有一天然洞，尚未开发，甚为荒落。洞中拾得一石，看相虽然一般，回芜后经认真淋洗辨认，竟是上古竹笋化石。竹类化石，目前石界尚为空白，此石实乃石界稀世珍宝。该石亦为科研难得之实物，由此可进一步了解分析当时长江中下游天文地理及气候变化情况。堂主夫妇喜出望外，感慨石缘难得，并嘱为其配词。遂借竹、祝谐音，调寄《齐天乐》，稍加演绎，为石缘记。

董金义（芜湖）书　　规格：33 cm × 33 cm

中秋赴约登仙寓，想来石缘相引。藤蔓绵缠，苔痕碧沁，点点荧光掩隐。寻幽探近。更风湿滴溜，壁青濡润。最是神奇，那洞藏上古一春笋。

动听总被传说，一出在东至，植竹为信。节抱同心，根盘始愿，任便红羊劫尽。还尔新嫩。赞化石遗珍，只期缘分。今我何如，祝缘生遂顺！

释文：上古春笋
规格：2.0 cm × 2.0 cm

题名:**官帽**
石种:灵璧金钱石
产地:灵璧县
规格:23 cm×33 cm×22 cm

　　该石石形方正,似古代官帽,石上的金钱纹,喻聚天下之财,为天下之民。

谢新恩·官帽

乌纱自古官称代,
皆知上顶青天。
算有利名官禄,
不容奸。
为官不作民生计,
枉为民代言。
坦亮如明镜,
清廉效古贤。

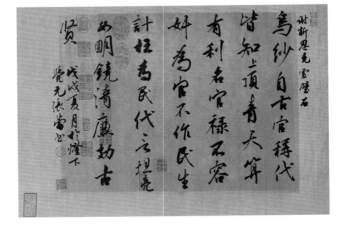

张蕾(女,芜湖)书　　　规格:45 cm×35 cm

释文:**官帽**
规格:1.8 cm×1.8 cm

题名:**烈焰**
石种:红灵璧石
产地:灵璧县
规格:23 cm × 42 cm × 16 cm

　　这方红灵璧石,如熊熊烈火的中心,喷薄而向上,取名"烈焰",喻生活与事业红红火火,蒸蒸日上。

罗兴悦(女,北京)书　　规格:47 cm × 47 cm

一点春·烈焰

赏石精神旺,
养花生意隆。
居家一座红灵璧,
胜过花红和火红。

释文:**烈焰**
规格:2.0 cm × 1.5 cm

题名:**盛世人瑞**

石种:绿松石

产地:湖北

规格:10 cm × 15 cm × 10 cm

　　该石形恰似一寿星头像,前额凸出,下巴前突,年龄百岁以上,称为"人瑞"。天下太平,生活富庶,人们长命百岁,其中有你,有我,也有他!遂以"盛世人瑞"名之。

相见欢·盛世人瑞

　　太平盛世风清,日尤晴。是处红娇绿冶鸟同声。人呈瑞,石亦瑞,乐升平。相见从来不醉不为诚。

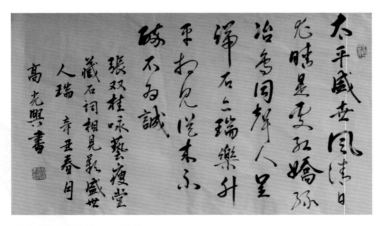

高光兴(芜湖)书　　规格:68 cm × 42 cm

释文:盛世人瑞

规格:1.8 cm × 2.5 cm

题名:**天下粮仓**

石种:米粒石

产地:江西

规格:29 cm×24 cm×12 cm

　　这方出自江西三清山的米粒石，疑为大米的化石。整个石体似一粒粒大米聚集而成，如煮熟了的糯米饭团。

十六字令·天下粮仓

（三首）

粮，手里无它心必慌。
民心望，守土问青黄。

粮，百姓安生举国康。
零容忍，鼹鼠蚀官仓。

粮，莫叹无才补上苍。
三清石，共筑万斯箱。

（书法作品）

缪正义（南陵）书　　规格:68 cm×68 cm

【注】

　　米粒石也叫米饭石、米石。米粒石是江西三清山特有的一种奇石。

释文:天下粮仓

规格:1.8 cm×1.8 cm

三七

题名:**米芾拜石**　　　　产地:巢湖

石种:太湖石　　　　　　规格:16 cm × 17 cm × 12 cm

　　北宋米芾所拜之石,现存于无为市米公祠内,我多次带外地石友去朝拜过。

　　米芾作为石痴,其总结的"瘦、绉、漏、透"相石法,至今仍在推崇和实践之中。作为石痴,则表现在他爱石的一些与众不同的行为上。他因为整日醉心于品赏奇石,以至于荒废公务,多次险遭弹劾,但他仍然迷石如故,毫无悔改之意。后来,他任无为军知州,在州府衙内见有一块奇丑的怪石,大为惊奇,竟得意忘形,跪拜于地,口称:"我欲见石兄二十年矣!"由此可见,石头就是他的命。

　　石界玩石之友,皆以寻找和组合"米芾拜石"题材为重中之重,无论象形石还是画面石。

最高楼·米芾拜石

当吾拜，曾拜忘年情，还拜代为铭。叹匆忙者因何苦，笑平庸者有何争。问今吾，归去来，又何能。

也莫在、书中欣赏石。也莫在、诗中称赞石。痴与醉，在亲行。与其一众难知会，不如一叩以同鸣。看人人，谁有这，米颠名。

【注】

米芾新任无为军知州，初入州署，发现院内立着一块大石，形状十分奇特，心中不禁大喜："此足以当吾拜。"立刻整好衣冠拜之。此后他称这块大石为"石丈"。该石现存于无为市米公祠内。

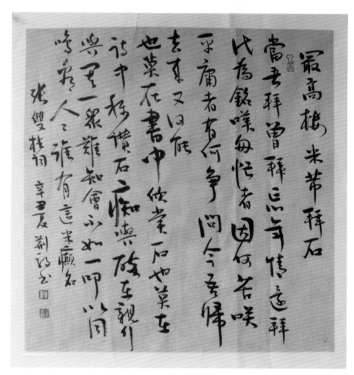

释文：米芾拜石
规格：2.5 cm × 2.5 cm

董金义（芜湖）书 规格：46 cm × 46 cm

题名:**海上龙宫**
石种:墨石
产地:东至县
规格:62 cm×24 cm×18 cm

　　龙头上扬,龙口微张,整体似一艘航行在海上的龙宫,难道是游弋于海上的皇家宫殿?

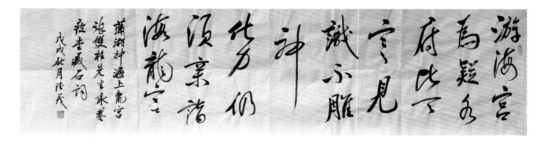

胡德茂(宣城)书　　规格:137 cm×35 cm

潇湘神·海上龙宫

　　游海宫,游海宫,为疑水府比天宫。见识不雕神化力,仍须亲诣海龙宫?

释文:海上龙宫
规格:2.5 cm×2.5 cm

题名:**恋语细无声**

石种:乌金石

产地:旌德县

规格:左19 cm × 12 cm × 4 cm

右19 cm × 12.5 cm × 4 cm

这一对石头,是在旌德县徽水河中所得。两石相距很近,同为一个石种,大小、形状、厚薄、重量几乎一致,如此一对美石非常难得。观此作品,两石便拟人化了,冰冷的石头,便有血有肉了。

曾宝成(北京)书　　规格:70 cm × 35 cm

浣溪沙·恋语细无声

古上徽河不了情,随潮涨落几来生?流花过去念难平。

新月钩沉无限事,宿缘交集满天星。相思恋语细无声。

释文:恋语细无声

规格:3.0 cm × 3.0 cm

题名: **金色报喜鸟**

石种: 黄蜡石

产地: 黄山

规格: 18 cm × 20 cm × 9 cm

此黄蜡石, 经大自然千万年时光的打造雕琢, 成了一只金黄色的报喜鸟。一方会报喜的石头。当您见到它, 它就向您报喜, 您的喜事便来了。

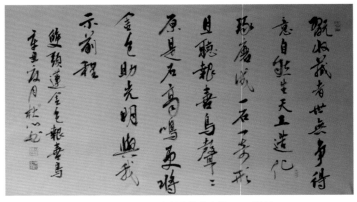

严惕（芜湖）书　　规格: 82 cm × 48 cm

双头莲令 · 金色报喜鸟

玩收藏者世无争, 得意自然生。

天工造化琢磨成, 一石一奇形。

且听报喜鸟声声, 原是石高鸣。

更将金色助光明, 与我示前程。

题名:**连年有鱼**

石种:灵璧绿玉

产地:灵璧县

规格:34 cm × 16 cm × 12 cm

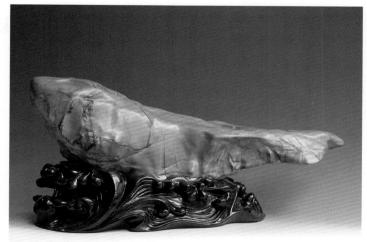

形似一条体态浑圆的青鱼,头尾和身段比例协调。鱼头稍有昂起,尾巴作翻动状,如在水中竞游觅食,绿玉般的色彩,让观赏者更觉养目舒心。

好事近·年年有鱼

绿玉本稀珍,鱼状尤其难觅。聊作有余之寓,葆永年元吉。

应缘造化着彭城,游此遇灵璧。浮世请为清供,在不雕其室。

【注】

不雕其室:不雕室,为艺瘦堂的另一个堂号。是芜湖书画名家后其仁老师题名,并亲书"不雕"二字。意为美石纯天然为不雕饰之艺术品,人应做不雕饰之本真之人。

董金义(芜湖)书　　规格:28 cm × 28 cm

释文:连年有鱼

规格:2.5 cm × 2.5 cm

题名:智鼠旺财
石种:灵璧石
产地:灵璧县
规格:22 cm × 10 cm × 11 cm

此石状鼠。二十三时至凌晨一时为子时。天开于子，不耗则其气不开。鼠，耗虫也。夜尚未央，正鼠得令之候，故子属鼠。民间且有"鼠咬天开"一说。又，鼠繁殖能力极强，家中鼠多既象征多子，也象征富裕。（张双柱）

程辉（芜湖）书　　规格:295 cm × 55 cm

其一：韵令·子鼠

子时居首，鼠最先来。名虽不咋哉。然无此耗，岂有天开。千般活变，一种平怀。投机瞒昧，为不负奇才。

释文:智鼠旺财
规格:2.5 cm × 2.5 cm

题名:**劲牛壮运**

石种:灵璧石

产地:灵璧县

规格:16 cm × 13 cm × 10 cm

此石状牛。一时至三时为丑时。地辟于丑,牛乃开地之物,故丑属牛。丑时又称"鸡鸣",《诗经》"女曰鸡鸣",意为女子催促丈夫早起劳作。又,农耕社会,因耕牛有吃苦耐劳品德,人与牛感情甚厚。(张双柱)

其二:韵令·丑牛

誉隆今古,莫不称牛。堪为属相头。一生耕种,共事绸缪。开天辟地,气贯清秋。挺生骍角,敢忘庙堂忧。

释文:劲牛壮运

规格:2.5 cm × 2.5 cm

题名：**金虎显威**
石种：灵璧石
产地：灵璧县
规格：23 cm × 19 cm × 12 cm

此石状虎。三时至五时为寅时。寅于生肖第三位，易理为"三阳"。人生于寅，有生则有杀，护生杀伐者，虎也。寅者，畏也，可畏莫若虎，故寅属虎。（张双柱）

其三：韵令·寅虎

大无畏者，必是真人。真人立虎尊。护生开杀，无愧山神。崎岖一路，感佩同寅。雄风英气，亮节上干云。

释文：金虎显威
规格：2.5 cm × 2.5 cm

题名：**玉兔迎春**
石种：灵璧石
产地：灵璧县
规格：12 cm × 18 cm × 9 cm

此石状兔。五时至七时为卯时。卯者，日出月落之候，含太阴玉兔之精，故卯属兔。又，玉兔，古五瑞曲之一，每朝会登歌首奏之。又，乌兔，神话谓日中有乌、月中有兔，借以指代日月。（张双柱）

其四：韵令·卯兔

日生于卯，五瑞登歌。升平受福多。几更乌兔，几许蹉跎。依栖枳棘，径泛星河。念无虚度，怎得谢嫦娥。

释文：玉兔迎春
规格：2.5 cm × 2.5 cm

题名:**瑞龙呈祥**

石种:灵璧石

产地:灵璧县

规格:35 cm × 18 cm × 12 cm

　　此石状龙。七时至九时为辰时。辰者,阳气起而生变,龙为盛,蛇次之,故辰属龙。又,龙文化乃中国最深入人心之民族文化,且最具特色。(张双柱)

释文:瑞龙呈祥

规格:2.5 cm × 2.5 cm

题名:**金蛇盘富**

石种:灵璧石

产地:灵璧县

规格:11 cm × 13 cm × 6 cm

　　此石状蛇。九时至十一时为巳时。巳者,于时草茂,蛇得其所,故巳属蛇。辰巳之时为龙蛇,蛇俗称"小龙""土龙"。又,蛇为生肖,便不再主动伤人,一旦恶念萌发,遂将恶念化皮蜕下,以示重新做人。(张双柱)

其五:韵令·辰龙

　　吉辰行雨,正合祥龙。谐和动八风。掉头西去,尾曳天东。图腾大瑞,践履初衷。中兴伟业,岂望叶公公。

其六:韵令·巳蛇

　　六阳之极,仙道无边。性灵源普贤。小龙过海,更可飞天。衔珠吐瑞,蠖屈螭盘。蜕除邪念,履道自安禅。

释文:金蛇盘富

规格:2.5 cm × 2.5 cm

题名：**天马踏程**

石种：灵璧石

产地：灵璧县

规格：22 cm× 16 cm × 8 cm

此石状马。十一时至十三时为午时。午为阳极，马者，至健而不离地，故乾为马、午属马是也。又，午是"仵"的意思，指万物盛大枝柯密布。又，龙马，非龙与马，乃仁马也，黄河精灵，炎黄子孙化身，代表了华夏民族主体精神和最高道德。（张双柱）

其七：韵令·午马

金乌正午，气动纯阳。为乾当自强。体天行健，征战耕荒。感恩龙马，万物繁昌。风云踏定，汗血浸沧桑。

释文：天马踏程

规格：2.5 cm × 2.5 cm

题名：**吉羊开泰**

石种：灵璧石

产地：灵璧县

规格：14 cm × 15 cm × 9 cm

此石状羊。十三时至十五时为未时。未为阳，仰而秉礼，跪而哺乳，故未属羊。又，中国民间传说，羊为盗五谷种子给人间而舍生取义。又，但凡善美义诸字，皆以羊为首要。（张双柱）

其八：韵令·未羊

吉祥逢八，发旺无涯。羔羊未足夸。舍身盗谷，播种中华。委蛇绵顺，秉礼弥嘉。但凡善义，美角最奇葩。

释文：吉羊开泰

规格：2.5 cm × 2.5 cm

题名:**灵猴献寿**
石种:灵璧纹石
产地:灵璧县
规格:22 cm×18 cm×11 cm

此石状猴。十五时至十七时为申时。申为三阴,阴盛则黠,猴性黠,故申属猴。又,中国神话中,美猴王孙大圣斩妖除怪,乃正义、勇敢、黠慧化身。(张双柱)

释文:灵猴献寿
规格:2.5 cm×2.5 cm

其九:韵令·申猴

九申阴盛,怅对猿啼。风高日渐低。势难长久,流水东西。丛林浩浩,行道迟迟。欢呼大圣,尽责尽心思。

题名:**雄鸡报晓**
石种:灵璧石
产地:灵璧县
规格:20 cm×22 cm×12 cm

此石状鸡。十七时至十九时为酉时。日落时分,鸡归巢,故酉属鸡。鸡有五德,首带冠文也,足搏距武也,敌敢斗勇也,见食相呼仁也,更守夜不失信也。又,鸡、吉谐音,乃吉祥之禽。(张双柱)

其十:韵令·酉鸡

酉时日落,鸡始归巢。司晨谁肯劳?一声呼唤,共赴明朝。初心不改,五德终教。祥禽亦厉,早早示儿曹。

释文:雄鸡报晓
规格:2.5 cm×2.5 cm

处。又，犬声"旺旺"，大吉大利。（张双柱）

其十一：韵令，戌狗

人前得宠，狗最为红。知恩更尽忠。屈戌司夜，声旺神纵。家园阜盛，社稷兴隆。伏羲明示，人犬各分工。

其十二：韵令，亥猪

亥时行尽，复又周天。调劳逸以延。何妨一觉，养足真元。开通夜静，放下心闲。自持安富，快活似神仙。

题名：**神犬闻吉**

石种：灵璧石

产地：灵璧县

规格：19 cm × 17 cm × 11 cm

此石状犬。十九时至二十一时为戌时。戌时阴敛而沉寂，狗司夜，故戌属狗。又，传说社稷之神伏羲即盘瓠，狗化身，其"伏"字寓意人犬共

释文：神犬闻吉

规格：2.5 cm × 2.5 cm

题名：**财猪拱福**

石种：灵璧珍珠石

产地：灵璧县

规格：24 cm × 20 cm × 11 cm

此石状猪。二十一时至二十三时为亥时。亥尤沉寂，猪镇静，故亥属猪。又，猪憨厚，寓富足，"家"字，宝盖头下安豕，谓无猪不成家。（张双柱）

释文：财猪拱福

规格：2.5 cm × 2.5 cm

题名：**玉寿桃**

石种：长江红

产地：四川

规格：19 cm×26 cm×12 cm

　　这是一方外形似仙桃的三江红奇石，是献给寿星的礼物，祝健康长寿。

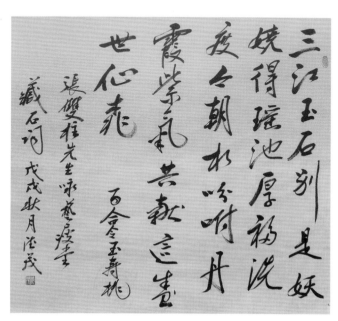

胡德茂（宣城）书　　规格：68 cm×68 cm

百合令·玉寿桃

　　三江玉石，别是妖娆。得瑶池厚福，洗度今朝。

　　相吩咐、丹霞紫气，共献这、盛世寿仙桃。

释文：玉寿桃

规格：3.0 cm×1.5 cm

天工彩绘

——画面石

释文：画面石
规格：2.0 cm × 2.0 cm

群峰拥翠·夏

群峰高耸盈尺间，
飞流直下汇为川。
颔首呼应君臣峰，
美不胜收初夏山。

（刘师银　诗）

释文：群峰拥翠
规格：2.5 cm × 2.5 cm

群峰拥翠·夏
石种：松花石　规格：17 cm × 13 cm × 9 cm

题名：**宝钗扑蝶**

石种：宣石

产地：宣城

规格：7 cm×9 cm×4 cm

　　该石糯白色的地子上，似用勾勒与皴法相结合的绘画技法，描绘出一位亭亭玉立的少女，长裙宽袖，发髻高耸，目光所及之处，有一只展翅飞翔的蝴蝶，宝钗手举葫芦形团扇，正欲扑之。该石画面人物形象生动，身材略显丰满而不失少女雅气，与《红楼梦》中所描述的薛宝钗形象并无二致。

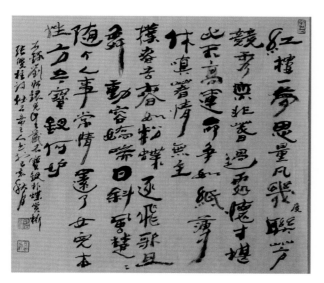

陈民府（宿州）书　　规格：55 cm×55 cm

扑蝴蝶·宝钗扑蝶

　　红楼一梦，思量凡几度。联芳竞秀，无非春过处。怀才堪比天高，运命争如纸薄，休嗔著情无主。

　　扑春去！春如粉蝶，逐飞歌且舞。动容娇喘，日斜风楚楚。随个人事常情，还了女儿本性，方今宝钗何妒。

释文：宝钗扑蝶

规格：3.0 cm×3.0 cm

题名:**接福图**

石种:灵璧珍珠石

产地:灵璧县

规格:17 cm×32 cm×11 cm

由灵璧珍珠石,形成有传统文化的图案,实属难得!

此石图中似有一人,双臂伸出作接物状,其身前身后及头顶,似有一群飞舞的蝙蝠围绕着,所以取名《接福图》。

金错刀·接福图

风气朗,露华濡。一尊灵璧黑珍珠。倾听盛世迎春曲,展望顽童接福图。

香澹澹,兴舒舒,接来福字著成书。只消两本为高枕,身外功名任有无。

【注】

金错刀是一个词牌名,也是古代一种金属币。同时还是写字绘画的一种笔体,《宣和画谱·李煜》:"李氏能文善书画。书作颤笔樛曲之状,道劲如寒松霜竹,谓之金错刀。"艺瘦堂该藏石画面犹如一群蝙蝠,亦如后主金错"一笔三过之法",如字似画,体会难尽。

韦斯琴(女,芜湖)书　　　规格:35 cm×35 cm

释文:接福图

规格:4.0 cm×1.2 cm

题名:**千里眼**
石种:徽文石
产地:南陵
规格:15 cm × 16 cm × 9 cm

此石奇在黑色的地子上，架着一副金色的眼镜，两个圆的线条粗细、大小几乎相同，绝佳处在于两个圆之间有一条金线相连，且相连的位置恰到好处，与真实的眼镜如出一辙。戴上这金边眼镜，便成"千里眼"了。

花非花·千里眼

心扉开，眼根净。家国风，云山景。春来满目更清新，赏石人今相见证。

释文:千里眼
规格:2.0 cm × 3.5 cm

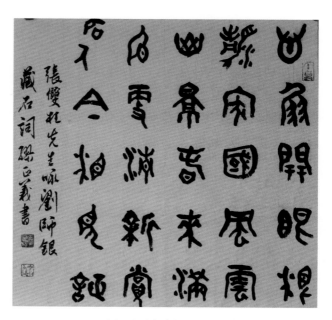

缪正义(南陵)书　　规格:50 cm × 54 cm

题名：**僧敲月下门**

石种：景文石

产地：泾县

规格：7 cm × 9 cm × 5 cm

　　此石画面虽为天工，恰似人为。画面构图简洁明了，章法独到，布局合理。皎洁的月色下，一位高僧访友已至友人院门前，叩门后在等候友人来开门，处于静止之中。这情这景，于明月夜，于空寂的山寺，是那么的和谐静谧，如一幅水墨画。后面的故事，便留与赏石者想象发挥了。

如梦令·僧敲月下门

　　乡曲泉声邀迂，山色月光涂画。都有解空心，方有推敲佳话。推也，敲也，今更时常醉把。

董金义（芜湖）书　　规格：28 cm × 28 cm

释文：僧敲月下门

规格：3.0 cm × 3.0 cm

题名:**寒梅报春**
石种:徽文石
产地:旌德县
规格:44 cm × 46 cm × 23 cm

　　宽阔的湖面，波光粼粼。近处一株高大的金色的腊梅，与湖对面一丛腊梅隔湖相望。她们在料峭的寒风中，向人们报告着春天即将来临的消息。该石画面构图疏密有致，"密不透风"与"疏可跑马"都恰到好处，实在让人称奇！

南乡一剪梅·寒梅报春

　　磊磊复恢恢，埋没南乡自勒碑。青渌光昭徽字号，纹理重帷，雪鉴重帷。

　　劫劫几回回，惟有心花从不衰。春色无边谁报道，知是寒梅，果是寒梅。

释文:寒梅报春
规格:2.5 cm × 2.5 cm

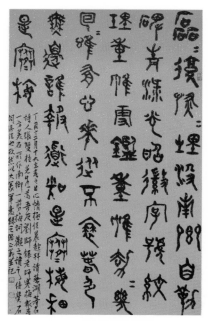

缪正义(南陵)书　　规格:130 cm × 50 cm

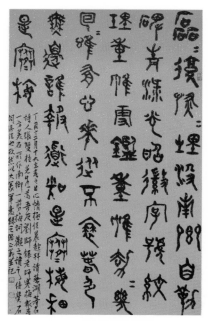

题名:**云水泽家园**

石种:徽文石

产地:旌德县

规格:28 cm × 30 cm × 19 cm

这方美石石形规整,画面清晰,对比度强烈,凸显出一个金色的"云"字。该字似以浓墨书写,隶书入笔,章法准确到位,字体结构匀称,笔画饱满圆润。这一经大自然千百万年精雕细作的"云"字,可与任何书法佳作媲美!

如《毛诗故训传》语:"山出云雨,以润天下。"此乃大吉大美之石!让金色的云水,泽被你的家园,我的家园,他的家园,泽被中华民族的大家园!

六丑·云水泽家园

　　念浮生过往，不过是、浮云飘忽。不由己心，还难由气节，实不堪说。尽管当年事，唤风呼雨，且戏星乘月。而今逐日从头越，抑或迟徊，仍还决绝？思来不独呜咽。正长空寥廓，清景销歇。

　　徽文彬蔚。看乾坤格物，尽在云根里，金墨泼。神如汉隶碑帖。笑今来古往，变迁存没，无非是、卷舒生灭。谁比得、一朵初心定慧，等持超脱。心开处、化雨宣佛。过往来、一字相开示，天工巧夺。

【注】

　　六丑，词牌名，周邦彦创制。据周密《浩然斋雅谈》，宋徽宗不解"六丑"其意，周邦彦答曰："此犯六调，皆声之美者，然绝难歌。昔高阳氏有子六人，才而丑，故以比之。"

章侠（女，淮安）书　　　规格：28 cm×28 cm

释文：云水泽家园
规格：3.0 cm×3.0 cm

题名：**金色脚印**

石种：彩蜡石

产地：泾县

规格：14 cm×17 cm×10 cm

　　这脚印是谁留下的？

　　这金色脚印分明就是大自然为你、为我、为他，经千万年精心打造，记录着你、我、他辉煌的人生足迹。

张双桂先生咏艺庞堂藏石
词添声杨柳枝《金色脚印》
南陵贤洋兴携晋轩

祗读诗书伴石鸣忘
时情当年举足踏雄
兵破孤城细察谁留雷
金脚印无音讯祗闻
彩蜡一声声己天明

魏贤洋（南陵）书　　规格：34 cm×34 cm

添声杨柳枝·金色脚印

夜读诗书伴石鸣，忘时情。

当年举足踏雄兵，破孤城。

细察谁留金脚印，无音讯。

只闻彩蜡一声声，已天明。

释文：金色脚印

规格：2.5 cm×2.5 cm

题名:**夕阳西下**
**　　山色暖**

石种:景文石
产地:宣城
规格:12 cm×10 cm×5 cm

　　夕阳西下，暖色的光，剪出山的影子。左侧的小山头有一飞白，两山的低洼处，矗立着一棵高大的树，画面构图美观，叹为观止！

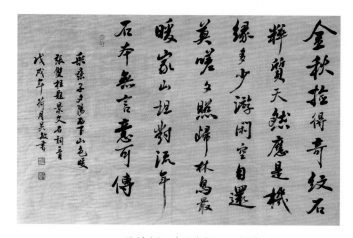

吴敏(女,合肥)书　　规格:68 cm×45 cm

采桑子·夕阳西下山色暖

　　金秋捡得奇纹石，粹质天然。应是机缘，多少游闲空自还。

　　莫嗟夕照归林鸟，最暖家山。坦对流年，石本无言意可传。

释文:夕阳西下山色暖
规格:3.0 cm×4.5 cm

题名:**老子归隐图**
石种:景文石
产地:泾县
规格:11 cm×8 cm×3 cm

青牛作伴归隐路,深林悟道有经传。

此景文石,白色的地子上,微凸起红棕色的美妙图景:大地莽莽,老树森森;云雾袅袅,崇山萧萧。慢走的老牛背上驮一躬背屈颈俯视沉思的老者,踏着瑟瑟秋风、漫天落叶缓步前行。取名《老子归隐图》,不仅与景与形与意贴切,更有深邃的内涵。(葛国良)

踏歌词·老子归隐图

俗物懒经意,青牛伴出关。风痕烟色掩,气象锦纹传。归隐探玄元,尽在五千言。

释文:老子归隐图
规格:3.5 cm×2.0 cm

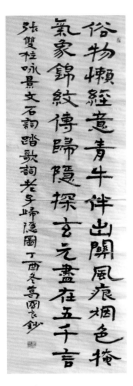

葛国良(芜湖)书　　规格:140 cm×35 cm

题名:**老寿星**

石种:黄蜡石

产地:泾县

规格:15 cm×17 cm×4 cm

　　一个额头高凸,一双眉毛下垂,一对眼睛微睁,一张嘴巴微张,多么喜乐的一位长寿老头儿的形象!

甘露歌·老寿星

玉质清温和蔼态,
眉间生八彩。
我自摩挲寿考延,
自得自成仙。

释文:**老寿星**

规格:1.5 cm×3.4 cm

缪正义(南陵)书　　规格:33 cm×33 cm

题名:**青草池塘处处蛙**

石种:宣石

产地:宣城

规格:14 cm × 14 cm × 8 cm

　　如黑绸缎般的地子上,出现数条白线,自下而上由粗到细,极似初生的嫩草,雅嫩可爱。又似古代画家倪云林笔意,寥寥几笔,春水滋润的草儿娇嫩可人,虽无水无蛙,但以通感的手法,似可听见池塘边的蛙鸣,似看见水下鱼儿的嬉戏。

朝中措·青草池塘处处蛙

　　暑天将雨乱蛙鸣,势若点精兵。青草铺陈锦绣,绿塘映照蓬瀛。

　　云林简拔,石如奇趣,笔意纵横。墨韵何如石韵,画成还是天成?

【注】

　　倪瓒,字泰宇,号云林子,江苏无锡人,元末明初画家、诗人,开创了水墨山水的一代画风,名列"元代四大家"。

　　邓石如,字石如,号顽伯,安徽怀宁人,清代篆刻家、书法家,邓派篆刻创始人。

释文:**青草池塘处处蛙**

规格:2.8 cm × 2.8 cm

宋立安(芜湖)书　　规格:69 cm × 35 cm

题名:**新篁春雨后**

石种:景文石

产地:宣城

规格:14 cm×15 cm×7 cm

在新绿浓郁的山色间,右侧三杆新竹,在春雨的滋润下,茁壮成长,节节高升!

醉花阴·新篁春雨后

谁把新枝移石上,嶙峋还萧爽。妙趣纵横生,异质奇纹,咫尺春天象。

初篁每遇风侵荡,愈发鸣高响。此石若更名,风竹尤宜,清供酬真赏。

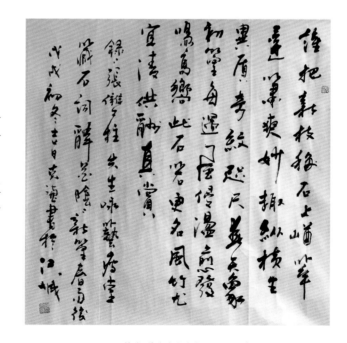

谢克谦(芜湖)书　规格:69 cm×69 cm

释文:新篁春雨后

规格:2.2 cm×3.0 cm

题名:**秋荷锦鸡图**

石种:**景文石**

产地:**宣城**

规格:16 cm×20 cm×9 cm

　　残荷、嫩荷、枯荷,自上而下地排列着,荷干旁伴生着老去的蒲草,左下侧一只锦鸡在草丛中觅食。秋天,收获的季节!

梧叶儿·秋荷锦鸡图

　　风消暑,日见幽,翠盖一塘秋。披锦频催舞,当歌且润喉。图里庆丰收,可似农家乐不?

释文:秋荷锦鸡图

规格:2.0 cm×4.0 cm

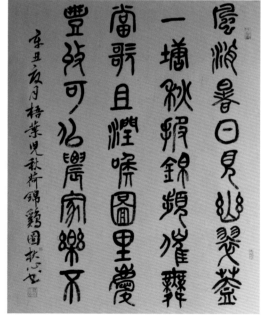

严惕(芜湖)书　　规格:68 cm×55 cm

题名:**潜龙在渊**

石种:徽文石

产地:旌德

规格:18 cm × 30 cm × 16 cm

　　一条龙的正面头像，有双眼，有微张的龙嘴，两侧龙须因水的浮力向上漂浮着，体现出龙下潜深渊的动感，遂以"潜龙在渊"名之。

刘铁声（芜湖）书　　规格:100 cm × 50 cm

朝天子·潜龙在渊

　　最妙徽文石，纹理叠、有如真笔。弛魂宕魄，又几能言出。

　　试一看、龙颜为潜激。双目瞳瞳须历历。透底色，再细看、非凡神质。

释文:潜龙在渊

规格:2.0 cm × 3.0 cm

题名：**动物世界**
石种：景文石
产地：泾县
规格：26 cm×9 cm×3 cm

如兽类动物科普的长卷，刚打开一部分，便有狗、象、猪等动物出现，多种姿势的变化，凸显动物的可爱，可唤醒人们对各类动物的爱护之心。

风流子·动物世界

尽说宣城石雅，堪供文房古架。风剥蚀，水冲溶，竟是亿年造化。如写，如画，每每有缘无价。

释文：动物世界
规格：2.5 cm×2.5 cm

盖记宣城石雅堪供文房古架风剥蚀水冲溶竟是亿年造化如写如画每有缘无价

风流子动物世界张键柱诗

戊戌秋月方霞挥宣州羊民草堂

尽说宣城石雅堪供文房古架风剥蚀水冲溶竟是亿年造化如写如画动物世界

方霞（女，宣城）书　　规格：90 cm×22 cm

题名:**九九归一**
石种:徽文石
产地:旌德县
规格:47 cm × 37 cm × 23 cm

在黑绸缎般的
地子上,数量众多
的如金子般的点、
线、面聚集在一起,又似浮雕在缎子上的灵动的、飞翔的大雁。

受一名画家"九九归一"名画的启示取此名,那幅画面有展翅飞翔的99只
大雁,取雁归来、天下归心之寓意。

太常引·九九归一

斜阳半落对金山,古色焕新
颜,元气聚寒烟。最称道、奇纹
若禅。

远观碎锦,近观大雁,恰九
九冲天。把玩感前缘,故有此、
新词一篇。

释文:九九归一
规格:2.2 cm × 1.5 cm

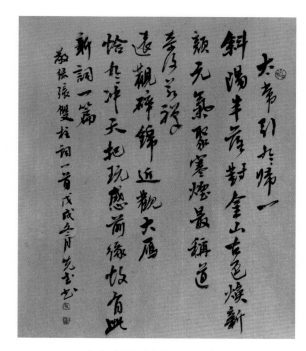

史先武(芜湖)书　　规格:46 cm × 40 cm

七一

题名:**春山朦胧烟雨中**

石种:景文石
产地:宣城
规格:69 cm × 69 cm

一抹浅酱色的色块，几条粗细不一的弯曲的线条，构成了春雨江南朦胧的山色，水与天相接，形成了充满诗意的烟雨江南景致，令人陶醉而流连忘返。

鹧鸪天·春山朦胧烟雨中

隔望春山烟雨中，溪泉松竹隐朦胧。深深愿许泠泠曲，款款心仪澹澹风。

由取次，且从容，亲临始信绝非同。何如伴得闲云去，堂上时闻精舍钟。

谢克谦（芜湖）书　　规格:69 cm × 69 cm

释文:春山朦胧烟雨中
规格:2.8 cm × 4.5 cm

天工创意
——景观石

释文:景观
规格:2.0 cm × 2.0 cm

金山夕照·秋

一夜秋风万叶黄,
稻谷飘香已登场。
家家户户无愁绪,
背倚金山赞夕阳。

（刘师银　诗）

释文:金山夕照
规格:2.5 cm × 2.5 cm

金山夕照·秋
石种:黄蜡石　规格:16 cm × 12 cm × 5 cm

题名：**春到五蝠山**

石种：灵璧石

产地：灵璧县

规格：62 cm × 34 cm × 33 cm

　　你有两条纵深的沟壑，形成了怀抱状的五座平顶的山峰。山上布满了或粗或细的上下连接的白色石筋，似春天桃花流水般滋润。五座错落平缓的山头，似五只飞往相同方向的蝙蝠，延伸出美好的寓意，令人心往神驰！

忆江南·春到五蝠山

　　云深处，孤秀浸霞红。春绿神州齐五福，天开灵璧映三峰，流水绕桃冲。

董金义（芜湖）书　　规格：28 cm × 28 cm

释文：春到五蝠山

规格：3.0 cm × 3.0 cm

题名:**日出东山**

石种:不明

产地:不明

规格:16 cm × 49 cm × 24 cm

　　一峰高耸尖如石笋,直插云端!于山顶下凸出一赭红色石球,极似红彤彤的太阳,正在东山冉冉升起,如日中天。

江南春·日出东山

　　明落落,暗苍苍。三阳开浑沌,四气尽焜煌。经年尤念滕王阁,六百薪金值所当。

【注】

　　此石购于滕王阁,时月薪仅200元,购此石花费600元。

释文:日出东山

规格:2.5 cm × 2.5 cm

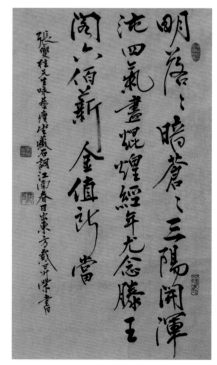

戴升荣(芜湖)书　　规格:70 cm × 38 cm

题名:**琴山观瀑**

石种:墨石

产地:石台县

规格:35 cm×10 cm×18 cm

该石题名"琴山观瀑",因形似一座古琴的山上,人字瀑奔流而下,似听见那澎湃的水声轰鸣而至,所谓观瀑听涛,松风阵阵,于喧闹之中求宁静,乃为大自在也。

极相思·琴山观瀑

石台一座琴山,飞瀑作琴弦。晨钟暮鼓,松风竹韵,相与吟弹。

此处果然仙寓地,谁租我、亩把闲田?一声荀鹤,一杯嫩蕊,一等经年。

【注】

松风:既是风声,也是曲名。

竹韵:既是祝愿,也是音乐。

荀鹤:唐代诗人杜荀鹤,池州石埭(今石台)人。

嫩蕊:石台名茶雾里青,宋代名为嫩蕊。

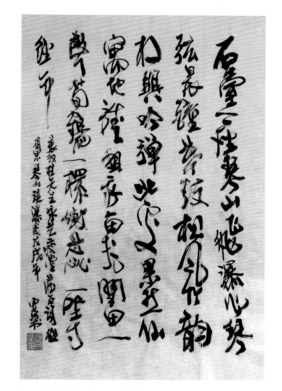

释文:琴山观瀑

规格:2.5 cm×2.5 cm

郝向荣(芜湖)书　　规格:35 cm×10 cm×18 cm

题名：**月破南窗**

石种：戈壁石

产地：新疆

规格：13 cm × 8 cm × 8 cm

　　山顶有漏月，且将为南窗。坐北朝南好风水，壁厚天高宅驻云。窗下数丛傲霜菊，陶令躬耕吾欲随？

忆王孙·月破南窗

　　远离闹市少经心，日有闲云伴醉吟。月破南窗旺岁临，入瑶琴，一曲春词感事深。

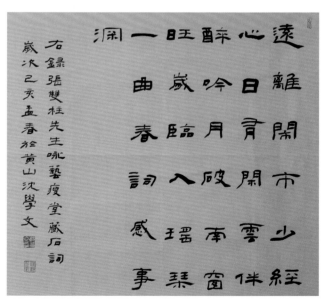

沈学文（黄山）书　　规格：70 cm × 70 cm

释文：**月破南窗**

规格：1.5 cm × 1.5 cm

题名:**佛手峰拥翠**

石种:孔雀石

产地:广东

规格:26 cm × 26 cm × 24 cm

碧绿的孔雀石,如五指并拢,形似佛手,又似一座山峰,故取名"佛手峰拥翠"。

喝火令 · 佛手峰拥翠

孔雀石寓意妻子幸福,感而赋得,顺颂天下妻子。

满握平生爱,相拥永世情。同心无价两无争。一路伴君同去,不敢片时停。

最喜眉峰翠,惟期嗣岁青。有心归佛便精诚。记否风轻,记否雨中行,记否有谁相伴,那水照盈盈。

释文:佛手峰拥翠

规格:2.5 cm × 2.5 cm

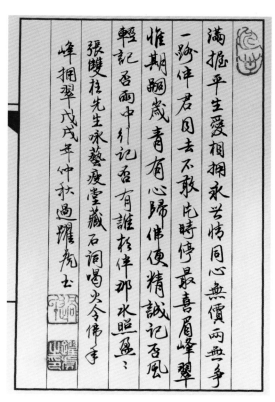

喝火令·佛手峰拥翠

满握平生爱相拥永世情同心无价两无争一路伴君同去不敢片时停最喜眉峰翠惟期嗣岁青有心归佛便精诚记否风

轻记否雨中行记否有谁相伴那水照盈盈

张双柱先生咏艺瘦堂藏石词喝火令佛手

峰拥翠戊戌年仲秋过耀虎书

过跃虎(芜湖)书　　规格:27 cm × 17 cm

题名：抱玉岩

石种：灵璧石

产地：灵璧县

规格：11 cm×8 cm×7 cm

此美石名为"抱玉岩"，一人着抱玉状立于山巅，反映古代卞和献玉之事。有安徽作家曾作《抱玉岩》小说一篇。抱玉岩在安徽怀远县，附近有卞和洞。此石也可题名"山高人为峰"。

该灵璧石，悬崖峭壁之上，似有一人物站立山巅，仔细一看，整个人物身材匀称，头戴酱色头巾，古人装束，胳膊肘弯曲着，胸前抱了一块玉，这难道就是石化了的卞和？胸前所抱的那块玉难道就是闻名于世的和氏璧？还是取名"抱玉岩"吧。

于是，一方石也就有了两个主题。

中国著名灵璧石文化学者马浩瀚老师点评此石："以前怀远属于宿州，卞和乃宿州人氏，其所献璧很可能是灵璧白凌石。这个，中国赏石三老孙淮滨先生曾经做过考证，形成了一篇学术文章。"

我也送"抱玉岩"一个名称：怀璧。

霜天晓角·抱玉岩

　　隐晶融翠，壁立云惊退。目断远峰怀玉，更是那、风流辈。莫夸多妩媚，亦经伤累累。故事并非心事，谁读懂，谁知会？

【注】

　　抱玉岩亦名抱璞岩，位于安徽省蚌埠市怀远县荆山。相传为春秋时楚国人卞和采玉处，故名。岩旁有一洞由巨岩天然巧成，石型圆润，石表青翠。洞上方有玉坑、濯玉涧、凤凰池等多处胜迹。洞中可容数十人（根据现代人实际得知，实际只可容纳十几人），岩壁有"青螺石帐"镌字，置身其中，仿佛入玉珠帐里。

　　曾见过有文字记载的传说，芜湖的大、小荆山也被疑为古代卞和采玉处。

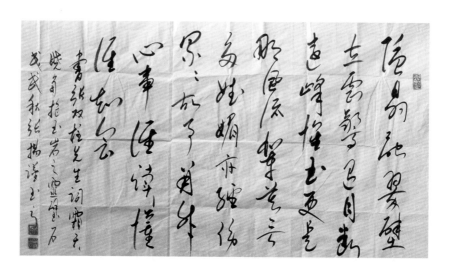

张扬（武汉）书　　规格：136 cm × 68 cm

释文：抱玉岩

规格：3.0 cm × 3.0 cm

题名：**赤壁怀古**

石种：紫金石

产地：淮南

规格：28 cm×16 cm×14 cm

　　紫金石产于淮南寿县，古代名石，可制砚。该石顶部有一共生体，似一残戟。

杜牧诗《赤壁》云：

　　折戟沉沙铁未销，自将磨洗认前朝。东风不与周郎便，铜雀春深锁二乔。

　　该石有杜牧诗意，遂取名"赤壁怀古"。

忆秦娥·赤壁怀古

　　鏖尘灭，紫金石浸男儿血。男儿血，淋漓一笔，古今千页。

　　应知煮酒三分裂，沉沙折戟无关月。无关月，风狂火烈，自然圆缺。

【注】

　　顶部有一共生石，与紫金石异，如折断的戟头。

释文：赤壁怀古

规格：2.5 cm×2.5 cm

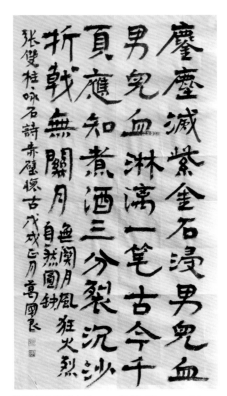

葛国良（芜湖）书　　规格：70 cm×35 cm

题名:**背负希望**

石种:七星河玛瑙

产地:南陵县

规格:17 cm×6 cm×11 cm

该石通体剔透,似在地上爬行的可爱的小动物,其背上伏着的是它的幼子,也是它的希望。

四字令·背负希望

　　开旗誓师,开篇誓词。七星河比瑶池,更呼召石痴。

　　为时不迟,为征不辞。比肩直下东西,认当初望时。

【注】

　　东西:方位、物品或市场。

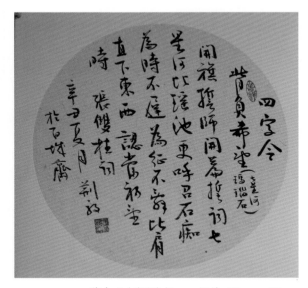

董金义(芜湖)书　　规格:38 cm×38 cm

释文:背负希望

规格:1.5 cm×1.5 cm

题名:**观音峰揽胜**
石种:松花石
产地:辽宁
规格:23 cm × 54 cm × 28 cm

此石外形酷似一尊观音,特别是下方黄色处有一圈凹槽,凹槽下方形状,如天然形成的莲花座,观音供于座上。它又似一座风光无限的山峰,绿色是其从内到外的景色,胜景尽揽怀中。

临江仙·观音山揽胜

长白山高连朔漠,苍岩玉雪琼英。箫韶九奏鸟同鸣。片帆刚渡过,海相化纵横。

早有康熙诗赞美,松花江水清清。放船一曲换新声。浮云融御砚,好写大光明。

曾宝成(北京)书　　规格:100 cm × 50 cm

释文:观音峰揽胜
规格:2.8 cm × 2.8 cm

题名：风之子

石种：灵璧石

产地：灵璧县

规格：55 cm × 50 cm × 52 cm

你是江河湖海中一朵
绚丽的浪花
你是万里晴空中一片
舒卷的彩云
你是坚贞刚正的一方
律动着的美石
你们都是因风而生成
都因风
才有这迷人的韵姿

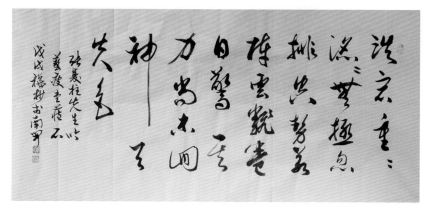

杨海（天津）书　　规格：136 cm × 70 cm

南乡子·风之子

　　跌宕重重，滔滔无极忽排空。势若阵云翻卷日，惊其力，尚未回神天失色。

释文：风之子

规格：1.5 cm × 2.6 cm

题名:枯荣不惊

石种:大化石

产地:广西

规格:16 cm×16 cm×4 cm

　　这方大化石分两层，质不相同而共生。

　　上层质枯而不细腻，喻人的生活遇到了困境，下层质润而油腻，代表个人生活的光鲜有滋味。但愿人们无论生活在逆境或顺境中，都能如此石一样，枯荣不惊，泰然自若。

荷叶杯·枯荣不惊

宝气冲融浑沌，枯润，质清平。一如荷讯更如印，韬韫，自无惊。

【注】

　　大化石，又称彩玉石，产于广西大化县红水河岩滩及水底，以其宝气、清气著称，故有人将其称为"王石"。

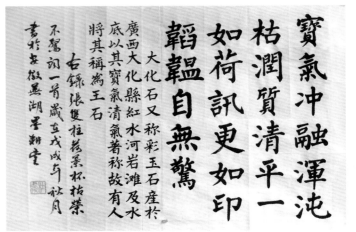

寶氣冲融渾沌

枯潤質清平一

如荷訊更如印

韜韞自無驚

大化石又称彩玉石產於

廣西大化縣紅水河岩灘及水

底以其寶氣清氣著稱故有人

將其稱為王石

右錄張雙柱藏互戊戌年秋月

不駕詞一首藏互戊戌年秋月

書於安徽墨湖墨翔堂

杜长所（芜湖）书　　规格:70 cm×50 cm

释文:枯荣不惊

规格:2.5 cm×2.5 cm

题名:**龙爪岩**
石种:松花石
产地:辽宁
规格:31 cm×27 cm×21 cm

此松花石,有条条纵向沟壑分割,外形敦实厚重,很像龙爪抓地,遂取名"龙爪岩"。

梅建平(泾县)书　　规格:140 cm×34 cm

喜春来·龙爪岩

神龙伏矣于渊谷,踏定坤枢向太虚。只须听得一声呼,现尺木①,大展攫云图。

【注】

①龙头上有一物,如博山形,名尺木。龙无尺木,不能升天。

释文:龙爪岩
规格:1.8 cm×1.6 cm

题名:**寒山雪霁**

石种:宣石

产地:宣城

规格:32 cm × 19 cm × 15 cm

雪停多日,冬阳高照,树上雪已融去,山顶已露出部分山体,山坡仍覆盖着厚厚的积雪。

点绛唇·寒山雪霁

一夜东风,心花启发眉峰展。放情开眼,雪霁争葱璨。

恰似梨云,更似炊烟暖。春呼唤,且诗相伴,何惧山途远。

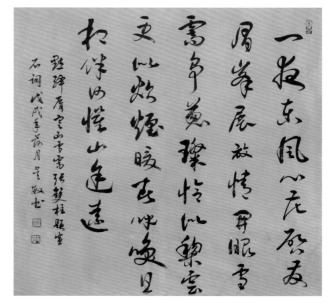

吴敏(女,合肥)书　　规格:53 cm × 53 cm

释文:寒山雪霁

规格:2.6 cm × 2.6 cm

题名:**海市蜃楼**
石种:宣石
产地:宣城
规格:26 cm×30 cm×18 cm

数层黑、白、黄相间,数个犬牙交错,层层叠叠,如若隐若现的海市蜃楼。

石峰(芜湖)书　　规格:114 cm×48 cm

浪淘沙·海市蜃楼

光怪影参差,蜃景明迷。海云近矣海天低。闹市重楼时隐现,错觉城西。

错觉不离奇,有石多姿。缕分玉骨细濡肌。幻境半真茶半盏,自笑憨痴。

释文:**海市蜃楼**
规格:2.0 cm×3.6 cm

题名:**平步青云**
石种:大化石
产地:广西
规格:13 cm×18 cm×7 cm

此石色彩呈金黄,且结构一层一层向上。喻人的经历和成功,正在一个台阶一个台阶的向上发展,直到顶层拿云的最高峰。

三台令·平步青云

台后台前脱俗,大方大化超群。今我开元敬酒,祝君平步青云。

【注】

三台令,又名开元乐,乃古代筵席上载歌载舞劝酒曲。三台,唐刘禹锡《嘉话录》云:"邺中有曹公铜雀、金虎、冰井三台,北齐高洋毁之更筑金凤、圣应、崇光三台,宫人拍呼上台送酒,因名其曲为《三台》。"开元,开创新纪元,开国。汉班固《东都赋》:"夫大汉之开元也,奋布衣以登皇位。"南朝齐萧道成《即位告天文》:"阐极则天,开元创物。"唐玄宗李隆基年号即开元(713—741),世称开元盛世或开元之治,唐朝进入全盛时期。

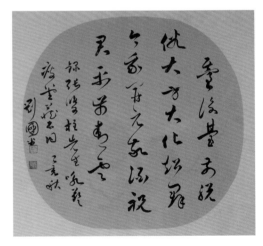

刘国平(南陵)书　　规格:34 cm×34 cm

释文:平步青云
规格:4.0 cm×4.0 cm

题名:**云横秦岭**

石种:宣石

产地:宣城

规格:27 cm×14 cm×10 cm

秦岭主峰只露出尖尖的山头,洁白的云罩着山体,偶尔显现茂密的丛林,使秦岭显得极其神秘。

胡德茂(宣城)书　　规格:68 cm×68 cm

归自谣·云横秦岭

云起伏,犹见苍龙盘岭麓,新翻一调《龙吟曲》。

松篁戞击声相逐。倾飞瀑,邀今醉颂齐天福。

释文:云横秦岭

规格:3.5 cm×1.8 cm

九一

題名:高山仰止
石种:宣石
产地:宣城
规格:26 cm × 27 cm × 18 cm

逶迤而上的山林，偶露的黑色山体，环绕着的流云，都显示着这座山的高大，令人仰头掉帽。

诉衷情·高山仰止

巍峨崒崒气何雄，飞瀑洗苍空。高山仰止如斯，感喟古今同。

曾立雪，欲凌虹，志无穷。而今已矣，逐日翛然，怅望飞鸿。

释文:高山仰止
规格:2.5 cm × 2.5 cm

梅建平(泾县)书　　　规格:59 cm × 44 cm

题名：**一山飞峙
大江边**

石种：大化石
产地：广西
规格：20 cm × 16 cm × 11 cm

　　这座山有两个峰，没有平缓的坡脚，孤山耸立，拔地而起，气势非凡！取名借毛泽东主席写庐山诗句"一山飞峙大江边"。

大化森罗气象浓，苍藓剥落现双峰。列子叩鸿蒙落现双峰邀象浓苍藓剥不知几度大江东
录张双桂先生咏芸瘦堂藏石词渔子歌一山飞峙大江边　南陵贤洋书

魏贤洋（南陵）书　　规格：34 cm × 34 cm

渔歌子·一山飞峙大江边

大化森罗气象浓，
苍藓剥落现双峰。
邀列子，
叩鸿蒙，
不知几度大江东。

释文：一山飞峙大江边
规格：3.0 cm × 3.0 cm

题名：**敦煌印象**
石种：宣石
产地：宣城
规格：25 cm×23 cm×15 cm

实有规律而又似无规律的洞窟，在一方宣石上反映出来，看去令人联想到敦煌之莫高窟，又似有飞天的影子。

鞓红·敦煌印象

古瓜州国，几番沿革。算总有、桃花白石。势连三省，汉唐遗迹。最印象、辉煌画壁。

玉窦琼峰，流云丽日。隐约约、祥烟五色。出关一路，贯通西域。为则为、相承一脉。

释文：敦煌印象
规格：2.5 cm×2.5 cm

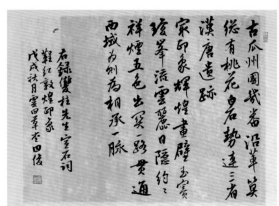

田俊（芜湖）书　　规格：45 cm×34 cm

题名:**圣山晴雪**
石种:宣石
产地:宣城
规格:40 cm × 31 cm × 22 cm

冰雪覆盖着西域的一座圣山,寒冰难消,纯洁净白,接受着人们的膜拜!

左侧中部的圆孔,似一天生山眼,圆孔下两根白色的石筋,如细细的流水,预示着冬山的生机,大地回暖,春天即将来临。

王宏(芜湖)书　　　规格:146 cm × 48 cm

金字经·圣山晴雪

阳气融晴雪,云华笼圣山,筋窦参差尺璧间。缘,进香无用攀。酬心愿,赓歌家国安。

释文:圣山晴雪
规格:2.5 cm × 2.5 cm

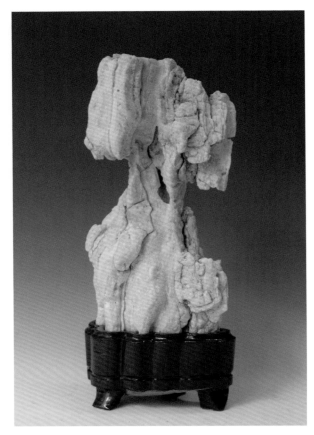

题名:**神塔**

石种:池州纹石

产地:东至县

规格:13 cm × 28 cm × 11 cm

　　似一座久已湮没在荒无人烟的森林深处的古塔,残损破败,随时都有轰然倒下的可能。然而,他却铮铮铁骨,屹立千年而不倒。

更漏子·神塔

　　皖南山,生冻石,状若晴云吐白。风透骨,雨经心,昂霄放旷吟。

　　万年塔,千轮劫,一尊元神不灭。诗佐酒,酒怡情,情来以石鸣。

皖南山生凍石狀若
晴雲吐白風透骨雨
經心昂霄放曠吟萬
年塔千輪劫一尊元
神不滅詩佐酒酒怡
情情來以石鳴

神塔 戊戌新月九華山墨宗書

释果宗(九华山)书　　规格:53 cm × 45 cm

释文:神塔

规格:1.5 cm × 2.5 cm

题名: **禅石**
石种: 长江石
产地: 铜陵
规格: 40 cm × 16 cm × 33 cm

此石山形，坡度平缓，无棱无角，无一处突兀之处。

此石谓禅石，是喻赏石者见此石，既能当山看，也能悟出人生所走过的路，即从有棱有角、血性方刚的少年，因了人生路上风风雨雨的磨砺，就像这方石头经水冲、砂磨失去了棱角一样，变得与世无争，心情旷达，坐看风起云涌。

什么是禅石呢？窃以为，只要是给赏石者带来真善美的感悟和启发的，都可称作禅石。

禅，在石内，也在心里。禅石只是引起感发的一个客观存在，是不变的，主观思想才是变量。心中有禅，石中才有禅，心中无禅，石中也无禅。

谒金门·禅石

凡尤物，新巧莫如奇拙。看似寻常清透骨，更教心入佛。

星岁如斯打抹，世事如斯剥脱。唯有江潮忱郁郁，与君情永结。

释文: 禅石
规格: 1.5 cm × 2.8 cm

尚廷勇（芜湖）书　　规格: 28 cm × 19 cm

题名:**雪融瀑声近**

石种:宣石

产地:宣城

规格:44 cm×25 cm×18 cm

初春的雪山,开始渐渐的融化,随着冰的解冻,水量充沛,瀑布的轰鸣声也愈发响亮,似较以前的瀑声近了很多!

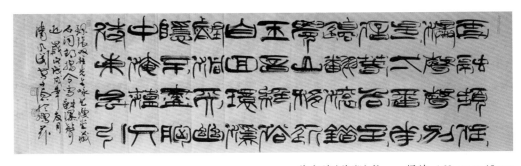

葛文德(芜湖)书　　规格:162 cm×48 cm

胡捣令·雪融瀑声近

雪融频促瀑声声,别是一番花信。春向足边翻滚,错觉山移近。

玉音绝俗自回环,溪壑洞天幽隐。不尽胸中淹蕴,只待东风引。

释文:雪融瀑声近

规格:2.5 cm×2.5 cm

题名:**釜山流云**
石种:灵璧石
产地:灵璧县
规格:44 cm×30 cm×17 cm

如铁锅一样倒扣着的山，黝黑铮亮的石肤上，分布着大小、长短、粗细不匀的白色，似万里晴空中流动着的丝丝白云。

杜燕群（芜湖）书　　规格:68 cm×68 cm

干荷叶·釜山流云

峰高远，壁青幽，立可牵云走。去还留，两悠悠。天仙每过我山头，对饮三杯酒。

释文:釜山流云
规格:2.5 cm×2.5 cm

题名：**巫峡猿声**

石种：宣石

产地：宣城

规格：34 cm × 24 cm × 11 cm

　　陡峭的山体，数朵白云飘在身边，如巫峡绝壁。只有猿能在此生存，它们攀援着，时而发出叫声，似惊叹穿行在礁石间的轻舟。

天仙子·巫峡猿声

　　山色微蒙云共雾，重重峦岫重重树。诗仙邀我上轻舟，正吟苦，忽烟雨，两岸猿声啼不住。

释文：巫峡猿声

规格：2.0 cm × 2.0 cm

杜燕群（芜湖）书　　规格：68 cm × 68 cm

题名：**西岭残雪**

石种：宣石

产地：宣城

规格：34 cm×22 cm×5 cm

此石名取杜甫诗"窗含西岭千秋雪"意。

高高的西岭山头，积雪终年不消，已有千年。坐窗前，赏千秋之雪，静而观之，遂生怀古之情。

人月圆·西岭残雪

窗含西岭千秋雪，子美所思何？今吾赏石，春秋共读，诗酒相和。

石奇如画，琼峰倚立，碎玉婆娑。石虽不语，经心世面，刻骨风波。

邢本峰（芜湖）书　　规格：73 cm×43 cm

释文：西岭残雪

规格：2.0 cm×2.0 cm

题名:**太湖石供**

石种:太湖石

产地:广德

规格:51 cm × 33 cm × 21 cm

此石大象无形，但无形之中有意。石中罅隙众多，通气性强，有路路通之义。又因罅隙之多，似碎石粘连之物，喻同类相聚，不可分割而团结一致之意。

万里春·太湖石供

群分类聚，自天然幽趣。恰流光、罅隙相通，更清空翠缕。

敢问情何许？愿情比、鹭朋鸥侣。便天天、供你心中，莫无些情绪。

释文:太湖石供

规格:2.0 cm × 2.0 cm

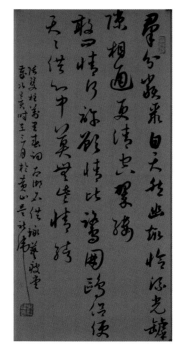

吴社伟（黄山）书　　规格:40 cm × 18 cm

题名:**堆金如山**

产地:黄山

石种:黄蜡石

规格:23 cm×16 cm×18 cm

　　山形浑圆，饱满厚重，是这方黄蜡石的特点。长年累月的水冲砂洗，将石表变得坑坑洼洼，就像一块块金砣堆在一起，形成了这寓意富庶的一座金山。

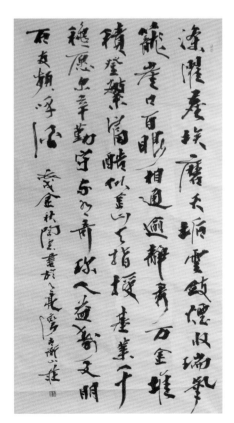

陶云（芜湖）书　　规格:130 cm×70 cm

蝶恋花·堆金如山

　　涤濯尘埃磨灭垢，云敛烟收、瑞气笼崖口。百眼相通逾静秀，万金堆积登繁富。

　　酷似金山天指授：基业千秋、愿尔辛勤守。家有奇珍人益寿，文朋石友频呼酒。

释文:堆金如山

规格:2.5 cm×2.5 cm

题名：**梅映西山雪**
石种：白灵璧石
产地：灵璧县
规格：22 cm × 18 cm × 11 cm

朵朵红梅，在山头的白雪中怒放，梅映白了雪，雪衬红了梅。踏雪赏梅，温一壶浊酒，与老友把盏，岂不快哉！

醉花间·梅映西山雪

梅之韵，雪之韵，梅雪传春讯。清嗓欲抒怀，一曲东风引。

红梅应雪衬，白雪由梅吻。还当酒一壶，温醉谋归隐。

释文：**梅映西山雪**
规格：2.8 cm × 2.8 cm

李洪峰（合肥）书　　规格：137 cm × 30 cm

题名:**泼彩山水**

石种:萤石

产地:宁国

规格:19 cm×10 cm×9 cm

该石为山形石,山体浑圆厚实,有敦实、厚重之感。其丰富的色彩构成块状、带状、线状等不同色块,如绘画中的泼墨大写意,构成了一幅立体的画。

雨中花·泼彩山水图

一座天然翡翠,一幅秋山写意。色块清新人莫及,好个晶莹体。

萤石通灵呈紫瑞,佑家国、福康千岁。故要得、日朗风气正,就像这山水。

倪阳（滁州）书　　规格:50 cm×35 cm

释文:泼彩山水

规格:2.2 cm×2.6 cm

题名:**清供**
石种:戈壁石
产地:新疆
规格:8 cm×16 cm×8 cm

你就是一位身着明黄色长衫的女舞者,双臂高举,宽袖与衣袂及长长的秀发,在迎风的舞动中飘扬起来,动感曼妙,可爱至极!

行香子·清供

劫石齐尊,气宇超群。虽然是、瘦俏和温。古今同趣,意色偏新。见陶痴情、李痴恋、米痴魂。

临风佚女,秀发惊云。万千年、濯濯无痕。缘峰一拜,造福千春。更心无碍、身无恙、案无尘。

释文:清供
规格:2.4 cm×4.6 cm

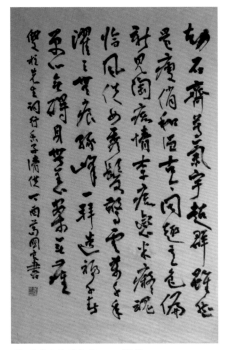

葛国良(芜湖)书　　　规格:90 cm×60 cm

题名:**清供**
石种:英德石
产地:广西
规格:14 cm×36 cm×11 cm

该英石落脚处仅需立锥之地，却能够稳如磐石般托起如叠罗汉似的三个人形山峰。石中心的那个天窗，让我们看到山外的天，山外的世界!

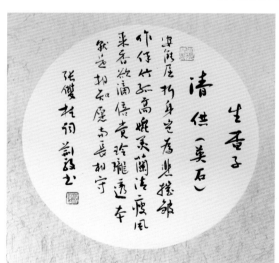

董金义(芜湖)书　　规格:28 cm×28 cm

生查子·清供

安能屈折身，岂为悲摧皱。作伴竹孤高，媲美兰清瘦。

风来香欲漏，倍觉玲珑透。本就最相知，愿与长相守。

释文:清供
规格:2.2 cm×4.8 cm

题名: **清供**
石种: 宣石
产地: 宣城
规格: 18 cm×35 cm×14 cm

一茎洁白的石笋，顶着蘑菇般的一朵彩云。看去如轻盈的华盖，却有着厚实的分量，否则，那洁白的石笋，怎会有少许的弯曲？

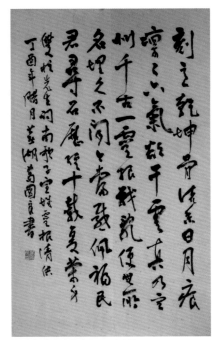

葛国良（芜湖）书　　规格: 90 cm×60 cm

南歌子·宣城灵根"清供"

刻意乾坤骨，流香日月痕。凛凛六气欲干云，真乃宣州千古一灵根。

战乱便无所，名埋久不闻。今当感佩福民君，寻石历经十载复荣身。

释文: 清供
规格: 2.2 cm×4.8 cm

【注】

①六气: 自然气候变化的六种现象。

②福民: 灵璧石近代开发挖掘人之一丁福民先生，用十年时间百来次亲赴安徽重新找到宣石产地，使得宣石重见世人，不再是历史记载。

题名：**清供**
石种：太湖石
产地：池州
规格：23 cm × 38 cm × 23 cm

此太湖石，为典型传统供石，非常契合米芾的相石四法，即"瘦、绉、漏、透"。

瘦：石形瘦削，绉：石肤凹凸不平，漏：石上孔洞上下贯穿，透：石上孔洞前后贯穿。云头雨脚：即上大下小。

这是我藏石中，最符合传统赏石文化的一方石头，遂置于书房为清供。

卜算子·清供

岁浸骨如钢，日照容如漆。雨脚云头口眼通，剔透天然质。

朝夕伴书香，清供由心得。际会诗琴艺瘦堂，不觉流光迫。

释文：清供
规格：2.4 cm × 4.6 cm

胡荣兵（芜湖）书　　规格：138 cm × 34 cm

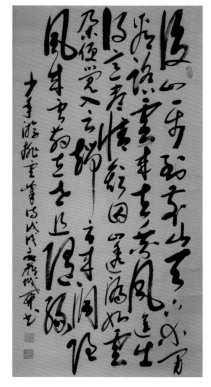

题名:**排云峰**

石种:英德石

产地:广东

规格:26 cm × 20 cm × 9 cm

　　该石有两个透漏的孔洞，如两朵白云。白云在山峰中来去穿梭，无须遮挡截留，既有山的胸怀，又有云的自由，人生益当如斯。

少年游·排云峰

　　后山一步到前山，天下等闲看。踏云来去，乘风进出，得意尽情欢。

　　因山透漏如云朵，便觉入云端。云来洞隐，风来云散，立世且随缘。

释文:**排云峰**

规格:1.6 cm × 1.6 cm

蒋城关（武汉）书　　规格:137 cm × 69 cm

题名：**珠穆朗玛**

石种：昆石

产地：昆山

规格：21 cm × 17 cm × 14 cm

这是一方与灵璧石、太湖石、英石齐名的四大古石中的昆石，产于江苏昆山市的马鞍山，因量小，在明代就开始禁挖了。

该石色白如雪，为独立山峰，形似珠穆朗玛峰，高耸入云，难以攀登，故名之。

潘章岚（芜湖）书　　规格：140 cm × 53 cm

阳关引·珠穆朗玛

白雪凝寒色，圣母增神力。天高地厚，争量得，峰为尺。看飞云阵合，跌落寻无迹。但须弥、区区芥子可容入。

我有一昆石，相似极。气雄深，妙光交映共天碧。更风痕斑驳，岁月浑堆积。亿万年、苍颜不改本来质。

【注】

须弥，梵语sumeru的译音，谓雪山，或译为须弥娄、修迷卢等，有妙光、安明、善积诸义。原为古印度神话中的山名，后为佛教所采用，指一个小世界的中心。今称喜马拉雅，主峰珠穆朗玛，民间视为并称呼山祖，台湾地区传统上一直以圣母峰称之。

释文：**珠穆朗玛**

规格：1.7 cm × 3.6 cm

题名:**无题**
石种:灵璧石
产地:灵璧县
规格:23 cm × 25 cm × 12 cm

该石在灵璧绿玉的主石上,嵌有两个墨玉质的似像非像的水滴,任由人们去想象。此石可为供石,可为砚屏。于是题名"无题",此刻无题胜有题。

长相思·无题

醒时听,醉时听,听尽寻常磬外声。
风光懒与争。

诗有情,石有情,最是无题有共鸣。
移来作砚屏。

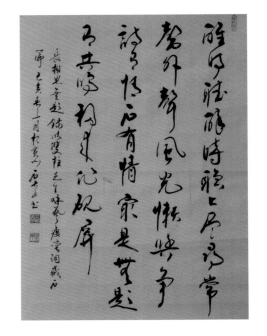

艾明义(黄山)书　　　　规格:70 cm × 48 cm

释文:**无题**
规格:1.0 cm × 2.4 cm

一二二

颢憬堂藏石赏……石品 石韵 石惠 石寿

题名: 莲花山秋色

石种: 灵璧木纹石

产地: 灵璧县

规格: 26 cm × 15 cm × 13 cm

该石如一朵盛开的莲花，在秋末初冬之际，山色苍黄，即将进入冬眠期，有一夜秋风万叶黄之境地。

莲花山也有莲花佛国之意，在这座环抱形的莲花山中，佛坐莲花，香火熠熠，烟雾缭绕，诵经声声。

王宏铎（芜湖）书　　规格:33 cm × 33 cm

缘字谣·莲花山

人结石缘，石结人缘。人与石，本同源。石不能言我代言。

焚香合掌对秋莲，秋莲妙诀在言前。我自随缘，尽诗之意、书之丽，传万年。

释文:莲花山秋色

规格:3.8 cm × 3.0 cm

一三一

题名:**雨润春山**
石种:平阳绿石
产地:宁国
规格:17 cm×7 cm×9 cm

　　该石山体呈绿色,似春山,一片生机盎然,又值春雨绵绵,使山体无数溪流水量丰沛,春水润春山,一派生机在眼前!

王宏(芜湖)书　　　规格:180 cm×70 cm

踏莎行·雨润春山

　　雨润春山,风吟渌水。流云盘谷寒烟翠。绵绵密密发生机,蓬蓬勃勃浮清媚。

　　绿石祯祥,雅名符瑞。错惊粉黛菁华美。此时惊罢复三惊,方知那点真情味。

【注】

渌水,清澈溪流,又古曲名。

释文:雨润春山
规格:2.5 cm×2.5 cm

题名:**玲珑石供**

石种:太湖石

产地:宁国

规格:24 cm × 15 cm × 12 cm

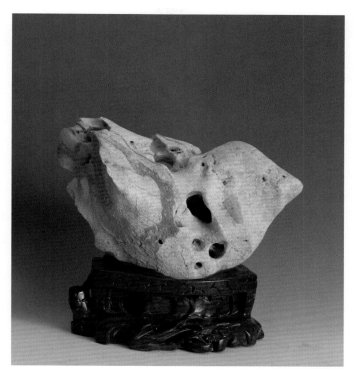

　　该石有多个孔洞相连,玲珑互通,为太湖石之最大特点,也具有古典赏石所追求的漏、透之象,且外形似瑞兽,供于案头视之,浮想翩翩,心旷神怡。

王仕如(芜湖)书　　规格:70 cm × 70 cm

唐多令·玲珑石供

　　洞静互通连,峰回别有观。玉玲珑、净妙无言。清供案头修学养,琴书里,太湖边。

　　玩石得清闲,游心天地间。一壶春、再续前缘。山有林泉卿有我,从今后,伴天天。

释文:玲珑石供

规格:3.0 cm × 3.0 cm

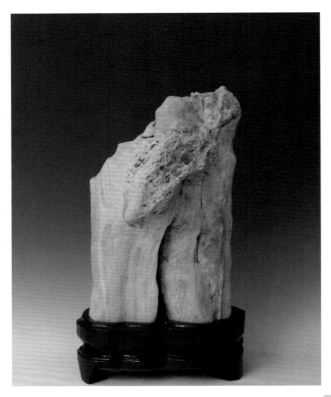

題名:**天柱凌云**

石种:池州纹石

产地:东至县

规格:12 cm × 29 cm × 16 cm

你是旱地拔葱般，从地面突兀高耸的一座峻峭的山峰，如天柱般直插云霄！

凭栏人·天柱凌云

近看凭栏冻美人，远看撑天柱石根。形神皆逼真，惜无峰上云。

【注】

结句亦可:"我飞欲抚云。"

释文:天柱凌云

规格:2.0 cm × 2.0 cm

张长生(芜湖)书　　规格:17 cm × 29 cm × 16 cm

题名:**玉树临风**

石种:黄蜡石

产地:黄山

规格:10 cm × 6 cm × 12 cm

一方轮廓如茂盛大树的黄蜡石,中部稀少的线条,勾勒出树干和枝丫,其余看到的是茂盛的树枝和树叶,密不透光,表现的正是这棵大树的茁壮成长,玉树临风。

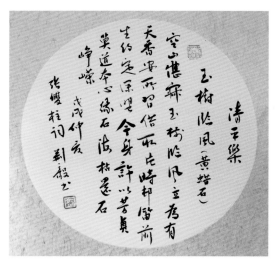

董金义(芜湖)书　　规格:28 cm × 28 cm

清平乐 · 玉树临风

空山湛寂,玉树临风立。为有天香安所习,借取片时村笛。

前生约定深盟,今身许以芳贞。莫道本心缘石,海枯还石峥嵘。

释文:玉树临风

规格:2.0 cm × 2.0 cm

题名:**幸福港湾**
石种:九龙璧
产地:福建
规格:56 cm × 19 cm × 42 cm

　　这方石头产自福建漳州，石种:九龙璧，也称华安玉。该石种曾被评为"国石"之一。

　　此石山形为赏石人所追求的佳作，有坡脚，环抱形状，形成一个避风港湾，可游可居。按《易经》说，前有照（水），后有靠（山），此乃绝佳的风水宝地。

小重山·幸福港湾

　　五彩云岚拥九龙，纵横交错折，共圆通。剡挑划碳见天工。尤难得，幸福港湾中。

　　极望隔空蒙。竹围幽窦发，傍苍松。洞庭未必这春融。每摩抚，疑似在崆峒。

释文:**幸福港湾**
规格:2.0 cm × 2.6 cm

宋立安（芜湖）书　　规格:50 cm × 50 cm

阅石有言

——艺瘦堂主赏石文选

释文:阅石有言
规格:2.5 cm × 2.5 cm

踏雪寻梅·冬

深山雪霁空寂寥，
苍鹰野兔无踪了。
高士踏雪访友去，
温酒把盏任逍遥。

（刘师银　诗）

释文:踏雪寻梅
规格:2.5 cm × 2.5 cm

踏雪寻梅·冬
石种:灵璧石　规格:15 cm × 11 cm × 7 cm

石台有美石　秋浦水孕成

刘师银

　　在皖南山区，有一条中国最美的河——秋浦河，她不仅有唐代大诗人李白为之留下的、脍炙人口的17首《秋浦歌》，还孕育出了造型奇特、图案精美、色彩多变的、当地石友称之为"秋浦石"的精美奇石。

　　县以石名，说明了石台县历史上就与石头结下了不解之缘。据县志记载，"因溪源有三石横亘溪上如埭，故名焉"。秋浦河则是因其"溪 流澄碧长似秋"和汇入长江之地的殷家汇镇汉时为沼泽地称秋浦而得名。

　　秋浦河源头有两脉，一脉源自祁门县，一脉源自黄山向西延伸的余脉仙寓山。秋浦河干流全长149千米，在石台县境内为59千米，还有众多的溪、河支流，上下游河床落差为90米。因长年冲刷，石台县境内多有峭拔的峰峦，嶙峋的怪石，深幽的怪潭，激滟的水面。有如此丰富多变的地质条件的石台县境内，产出美妙的观赏石，便是顺理成章的事了。

　　笔者最早接触到秋浦石，是在2000年10月，当时出差到池州市殷家汇镇小住，秋浦河流到这里，距长江只一步之遥。彼时，我下到河中，觅得酱紫色奇石

一方，该石形似石器时代的实用器锛，且锋刃锐利，便将其带回。从色彩看，此石应出自仙寓山中的七彩峡谷，由湍急的水流经长期搬运而来。此石与我的300多方奇石为伍，已有20多年。

　　近些年，因笔者在赏石名家施刘章老师的支持下，发起成立了皖南赏石联谊会这个赏石团队，与石台县的石友有了交流，也多次去秋浦河干流和支流觅

石，并从中得知，石台县石友们所称的"秋浦石"只是地产石种的总称，其实包含了多个石种，有墨石、蜡石、钟乳石、七彩石、青花石，还有各色画面石。近日，在石台刘涛石友的陪同下，在秋浦河支流琏溪河中，还发现了与辽宁省本溪市产出的"本溪石"相似的石头，我们称之为"彩宣石"。该石种附着在灯草宣上的薄薄的绿色，有的如菜绿娇艳欲滴，有的如墨绿，深沉厚重。

秋浦石中为数最多的当属墨石，该石种性脆，硬度不高，但质纯的墨石，敲击其有锵锵金属之声，因河水与细砂的搬运和冲刷，极易出形，且清洗后施以液体石蜡，色泽乌黑锃亮。

在秋浦河干流及支流中，除出产彩宣外，还出产石台县石友所称的"墨

（石）+宣（石）"，这实际上就是"黑白宣"，土黄色或白色的"灯草宣"，附着在黑色的地子上，生成形状不一的山形石。

在石台县仙寓山的山上和山下的溪流中，有一种通绿色的石头，色彩非常诱人，因其硬度不高，被河水冲刷得沟壑纵横，也极易出型。

"天倾欲堕石，水拂寄生枝"（李白诗句）。石台县所产"秋浦石"中，最为当地石友钟情的石种之一，便是画面石。其有黑白两种地子，也偶有彩色的，对比度强烈鲜明，也受到外地石友的青睐，其中有一方题名"阿诗玛"的画面石，其容颜清秀，含情脉脉，天然之作，出神入化，被我国著名赏石家来层林先生赞赏并题辞曰：奇石阿诗玛，石苑奇花开。

"江祖一片石，青天扫画屏"（李白诗句）。石台县众多陡峭的山体，在常年风化中落入溪流，经秋浦河水的冲刷和搬运，打造出一方方美丽的石头，由赏石人发现并宝之，使其有了第二次生命，从而成为艺术品，进入了艺术的殿堂。

石台县秋浦石协会，聚集了一批钟情于地方石种的石友，他们对地产石种的开发和利用，并使之溶入石台县的文化旅游项目中去。"青山连石埭，春水入柴扉"（林逋诗句）。到石台县旅游，除了原生态的山水景观，这里还是全国三大长寿养生之地和富硒农产品生产之地。在富硒的秋浦河水里，呼吸着富硒的新鲜空气，寻觅精美的奇石，真的是乐此不疲，乐而忘返，非常羡慕石台县的石友们，有这天赐美境，天赐美石！

辛丑夏末写于艺瘦堂

中国观赏石协《石界》公众号，2021年9月3日

景文石的审美情趣

——兼谈景文石文化发展的三驾马车

刘师银

审美情趣，是指人们根据自己的审美观点，对自然界和社会生活的各种现象和事物以及艺术作品的审美价值，所作的直接的富有情感的审美评价和所取的审美态度。主要通过个人主观爱好形式表现出来。

安徽名石景文石，是大自然千万年打磨造就的天然艺术品，理所当然地进入了人们的审美视线，并被赏石人宠爱有加，奉为经典。景文石的产地，分布在宣城市风景名胜柏枧山景区周边的多条河流中。宁国市的方塘乡、青龙乡、港口镇，宣州市的溪口乡、华阳乡、黄渡乡，泾县的蔡村、汀溪、琴溪等乡镇，南陵县的青弋江段，都有景文石的倩影。

景文石为志留纪砂岩粉砂岩，图纹因含铁质或铁锰质氧化后，水溶液浸润扩散而形成。景文石的特点，主要是在米黄色或青白色的底子上，以朱红色的点、线、面，勾勒出丰富多彩的、与人们生活密切相关的图画来。其画面简洁凝重，内容丰富，让人们一目了然，人物，动物，草木，山水，应有尽有。其画面有的浓墨重彩，有的清新细腻如工笔，有的凸起于石表如浅浮雕。

《夕阳西下山色暖》（见第六三页）是表现太阳落山后，晚霞映衬着山峦的朦胧的景色，厚重的大山在晚霞的映照下，更显得伟岸！近处的一株老树矗立着，小山头上那如绘画中飞白的技法，使山的形体更加真实可信。

《古梅》（南陵县资深石友朱庆生先生收藏，图略）枝杆遒劲，蓬勃向上，春意盎然。古梅之根画面靠右侧，枝头向左斜刺生出，中部又有一枝向右延伸，使得整个画面灵动而不失平稳，从根部弯曲的老桩，到顶部的嫩枝，交代得非常清晰，是一件天作的大师级佳作！

宣石文化研究中心李相彬主任，1997年在宁国港口水阳江捡的这方景文石，石形绝，"一"字绝，此石形极易折断，形成不易。此石外形如"一"，朱红色中

大块留白如"一"，且笔墨饱满，确为《一绝》。（图略）

《打枣子》（艺瘦堂藏）表现的是北方农村，一株枣树叶已落尽。枝头还有少许枣子，有人胸前挂着袋子，手执一杆长长的竹竿，正仰头打枣，其生活气息十分浓郁。

有如此美妙画面的景文石，是如何被发现的呢？

20世纪70年代末，时任宣城市华阳公社宣传委员的姚在隐先生，在一次下乡工作蹚水过河时，被一方有花纹的卵石所吸引，后有意专心收集，取名"锦纹石"，并开始参加当年少有的省内外石展和撰文介绍。笔者就是在看了姚先生的文章和那方著名的景文石《槐荫树下》，才先后三次赴华阳寻石并有所收获的。

在20世纪90年代，当时的《芜湖日报》刊登过一篇介绍景文石的文章并配有图片，我通过报社记者联系了姚在隐老师，知道了景文石的产地在溪口镇华阳乡。但直到2001年，才有机会直奔华阳，翻越两个山头，见到了产景文石的河流。

在近日专访景文石宣传推广第一人、已87岁高龄的姚老师时得知，我国著名文艺理论家、艺术鉴赏家、美学家、红学家、赏石家王朝闻教授应邀到宣州考察旅游资源及地方旅游产品开发项目，正是看到了姚在隐老师发表在《安徽日报》上的介绍景文石的文章，于1994年5月，专程前往华阳乡，并夜宿石友家，写下了《双河探石》一文。同时，对原称"花纹石""锦纹石"的这一石种，一锤定音，定名为"景文石"。姚老作为当时华阳乡党委宣传委员，向王朝闻详细介绍了景文石的产地及特色。

1994年5月夜宿双河时，已八十有六高龄的王朝闻先生，时任国务院学术委员会艺术组组长、七届全国政协常委。其对景文石甚是喜爱并大力推介，可见景文石的美的确是大美。

王朝闻先生在景文石产地考察时，还留下了多幅题咏景文石的墨宝。著名作家鲁彦周先生（电影《天云山传奇》编剧），对景文石也有一种难以释放的情怀，题写"宣州景文石"五个大字。这些墨宝，更增添了景文石文化的厚重感，将随着景文石文化一道，载入中国赏石艺术的史册！

景文石为何会受到越来越多的石友的青睐呢？

上面说到，除了景文石画面所表现的内容包罗万象外，其色彩也并非朱红一色，多彩，也是人们喜爱景文石的原因之一。其有单一的红、棕、黄、赭、紫、黑色图纹石，更有两色和三色以上的多彩图纹石。其线条的有无、虚实、粗细皆深入石内，表里如一，正反两面都有画，但表现的内容却不同。景文石画面在石上的表现形式，有如笔墨行走于宣纸，有洇润、生发的美感，使人联想到中国水墨画，特别是树干、山石、动物的表现手法，外围以浓墨双勾，内里用淡墨晕染，逼真而曼妙。

《达摩祖师》（宣城观赏石协会赵泽江副会长藏）一石的画面，大自然不多着一墨，在空灵的空间，仅有端坐着面壁的达摩，精巧的是，达摩的头与身体的比例准确到位，尤其是那鼻、眼、发、髭，都细致地表现出来了。如在空白处题诗盖印，岂不是一幅精美的、极富禅意的人物画？那空灵处，正是大自然留给人们去题诗、去补白的最佳位置。

《混沌初开》（宣城市观赏石协会姚成副会长藏），是景文石中难得的精品！其色不但如墨样漆黑，且黑色部分完全凸起于米黄色的底子。画面表达的是盘古开天辟地的一瞬，较轻的物质上扬，构成了天，较重的物质下沉，构成了地。此石收藏者对其题名十分精准到位。

景文石原石都是水冲石，因而以小件居多，精品石都在40厘米以内。其小巧如拳的景文石小品，也非常有韵味，特别是当您将其搭配成一件组合上架后，见之则恋恋不舍了。

景文石打磨石的赏玩，作为景文石文化的三驾马车之一，出现在近几年。其主要代表人为现居住在景文石产地之一华阳乡的陶卫东老师。

景文石打磨石的出现，是借鉴国画石、模树石、荷花石的玩法，把山料切块或是将画面不清晰的籽料表面打磨抛光，从而显现出清晰的画面来。

赏玩打磨的景文石，别有一番情趣，其表面光滑靓丽，手感温润，如小儿肌肤，画面更清晰，在原石上看不到的纤毫色差也显现出来，使色彩更丰富，弥补了景文石原石的不足。

制作打磨景文石作品，是一件很吃苦的事。打磨石头时那噪声、那灰尘，都是非常磨炼人的意志的。在别人对打磨石不看好的情况下，陶卫东先生仍坚持不怠，携石参加省内外石展，屡屡获奖，其坚持与执着，终有回报。景文石打磨石作品，也得了大家的认可，不但销路好了起来，更是为景文石文化之源增添了一股清流。

景文石旅游产品开发，是"景文石三驾马车"中的一驾，也是景文石文化发展的重要一支，其代表人为宣城市的丁力先生。

看到景文石旅游产品，真是爱不释手。景文石原有的花纹，点、线、面，经抛光打磨后，更光鲜，更清晰。茶台、石砚、镇纸、壁挂、把件、烟灰缸、打火机等产品，应有尽有。给人们留下深刻印象的，是用景文石制作的大小不同、形状不一的音乐打火机，是在打火机中置入电子元器件，可作音乐播放器，接入手机蓝牙，不但可以输入不同的音乐，还可以接听手机来电，煞是可爱。景文石资源丰富，旅游产品的制作，所用的大多是石友们淘汰的画面没有故事内容的石头，有取之不竭之源。

景文石旅游产品的开发，丰富了景文石文化，为景文石文化的发展开辟了一条新路。

在景文石的爱好者越来越多之时，产地政府也很给力。宣城市旅游部门也积极引导、介入，在旅游产品推介会上，将宣城文房四宝（笔、墨、纸、砚）再加景文石一宝向外推出。我与宣城市分管文化旅游的张黎勇副市长，曾有过几次接触，其对宣城地方石种的情有独钟及倾力推介，令石友们感动。

在近三十年的时间里，除了景文石的发现者皖南石界泰斗姚在隐先生和我国著名美学教授王朝闻先生的著文推崇外，还有几位倾心于景文石的石友不得不提，他们被景文石产地的石友们称为赏玩景文石的领军人物。

刚刚获得中国观赏石协会授予"赏石文化传扬者"称号、宣城市观赏石协会顾问张晓亮先生，孜孜不倦地撰文介绍景文石，已在各类报刊发表赏石文章数十篇。同时，他还积极走出去请进来，参加省内外大展，并邀请张训彩、陈民府等石界大家走进宣城，扩大了景文石的知名度。

宣城市泾县赵泽江先生，一生痴情于景文石，是皖南景文石赏玩大家。皖南很多石友都自称是赵老师的学生，可见，其带动了一大批石友从事景文石的收藏和鉴赏。

宣城市观赏石协会姚成副会长，对景文石的痴迷程度与他人相比，有过之而无不及。其收藏的景文石数量之大，精品之多，令人羡慕和嫉妒。从这方面看，也深刻理解了"量变质变"的道理。姚成会长首先提出了"景文石文化发展的三驾马车"之说，让我们对景文石文化的发展，有了一个新的认识。

还有一位宣城市奇石协会副会长崔晓峰先生，也是景文石收藏大家，是宣城市论坛奇石板块坛主，并经常撰文在论坛上发表。

正是有了政府部门的支持和以上几位老师的执着，才形成了皖南地区当前的如火如荼的景文石收藏热，特别是赵泽江和姚成两位老师，积极向《中华奇石》杂志推介景文石，让景文石登上了赏石专刊，进一步扩大了景文石在国内外的影响。

说来您可能不信，在20世纪80年代，景文石就与灵璧石等其他石种列为安徽名石了。在当代石界，对一个石种有发现者、有推崇者、有执着热爱者的有传承人物实名记载的景文石，在国内实属少见。

但是，景文石被发现以来，尽管有上述专家级人物的宣扬，景文石仍像一位养在深闺人未识、面容姣好且羞答答的清纯少女，尚未完全地、大张旗鼓地走出产地，仍然只是皖南石友们手中的宝贝。究其原因，一是景文石的石质特别是石肤，没有长江石那么滑润，但从本文所选的景文石图片看，这就不是问题了，景文石的优点很多，应是瑕不掩瑜。二是石友们还没有勇气去参与全国性的大展，缺少组团参展的氛围。

作为皖南赏石联谊会（筹）的秘书长，笔者有义务和皖南石友们一道，齐心协力，共谋发展，适时地参加一些重要的全国大展，把景文石这一精美的石种，倾情地奉献在全国石友面前。

中国观赏石协会"中国画面石"公众号，2019年8月9日

发现、投资池州纹石始末

刘师银

2016年国庆节期间，应池州市和东至县两石协领导邀请，前往两地与石友交流赏石文化。此前，我们便知其境内奇石品种较多。有长江石、太湖石、墨石、云锦石，都是难得的观赏石品种。更有一种被称为玉石的奇石，深深地吸引着我，这是我此行要了解的重中之重。

在东至县观赏石协会刘木文会长处，我们第一次见到了一方洁白如雪、温润如玉、剔透如冰并有着深深纹路的美石，它令我们眼前一亮，的确名不虚传，遂爱上了这种奇石。而其产地就在离东至县城不远的葛公镇。

东至县是池州市下辖的一个县。而池州市是皖西南的一座滨江历史名城，辖青阳、东至、石台三县。池州境内名胜古迹众多，尤以中国四大佛教名山的九华山为最。东至县的陶公祠曾是陶渊明东篱采菊之处。

历山，也称舜耕山，是远古舜帝早期隐居躬耕之地，尧帝曾多次渡河请舜下山为其辅政，因而，县城旁的那条河便叫尧河，渡河之处便称尧渡镇，是东至县政府所在地。

池州境内的仙寓山，意为仙人之寓所，是黄山向西延伸的余脉。发源于仙寓山流经池州全境最后汇入长江的秋浦河，因为李白曾为其写下了十七首诗而被称为诗河。

池州市境内的名山名川，孕育了历代名人，当然，也孕育出精美的石头。

葛公镇地处东至县城的东部，与石台接壤。其地名因相传东晋医学家、文学家、思想家葛洪，为求长生弃官炼丹于此而得名。

第二天上午，我们一行来到了这个群山环抱、有着美丽传说的葛洪炼丹之地。

在一位石农的庭院和室内，堆放着满地的石头，且只有独一石种，大到两米多高的厅堂石，小到手把件，大小不等，形状不一。有些通透的石头，还可以当作玉雕艺术品的材料。

这些从山里黄土中掘来的每一方石头，都似裹着一件土黄色的外罩。有的经雨水洗刷后露出了白色的身躯。惹人喜爱的是那些深如沟壑的纹路，有的稍有弯曲，有的呈S形，有的是圆圈套着圆圈，一层一层的。其灵动的卷纹形态多种多样，驻足观之，目光与思维随之流淌，是一种超凡脱俗的精神享受！

这些美石，经仔细察看，并询问石农得知，绝没有一方采自河中，都是大山的"子孙"。

返回芜湖后，经询问安徽省地质勘探大队退休总工得知，池州卷纹石属石英岩，硬度摩氏5~6度，不溶于酸（这是笔者试验的结果），与软玉（和田玉）和硬玉（翡翠）属同一岩系，颗粒直径在0.01~0.02毫米之间。

池州纹石，是一种主要由石英组成的变质岩，因石英砂岩及硅质岩经变质作用形成。其卷纹可能是由石英砂岩或其他硅质岩石经过区域变质作用，也可能是在岩浆附近的硅质岩石经过热接触变质作用而成，或者是因不同季节、气候以及地壳挤压而形成的不同纹路。

最后，请大家了解一下，笔者与产地即池州市石协、东至县石协和皖南观赏石文化研究会一行，经讨论后达成共识，一致认为，为新石种命名，应该是一件很严肃的事。根据奇石命名"地名+石种"、名称不宜太长、朗朗上口、便于记忆和推广的原则，将此石种暂定名为"池州纹石"为宜。再细分两个大类，有纹、无纹表面未见通透的称"雪纹石"，有纹、无纹表面即通透的称"冰纹石"，这应是目前最佳的方案。

在笔者2016年第一次见到池州纹石到现在的三年间，曾有"九华玉石"和"九华冻石"之名，现在分析都不能成立。原因如下：

1. 地名冠以"九华"是明显的错误。葛公镇地处仙寓山麓，是黄山山系向西延伸的余脉，与九华山不是一个山系，所以，不能冠以"九华"。

2. "九华冻石"，除上一条中地名错误外，只表现了此石晶莹剔透一个特点外，不能全面至少是多层面反映此石的特点，淹没了其多样纹理美的特征。"九华冻石"之名，是笔者提出的，错误的名称，当然要自我否定。

3. "九华玉石"，除冠以"九华"不恰当外，也不能反映池州纹石特点的多样性。其内在质地虽与传统概念中所说的玉是同一岩石，但"此岩石"非"彼岩石"，况且，在赏石艺术的实践中动辄称石为"玉"的做法，给人以牵强和拔高之感。

将此石种地名冠以"池州"，一是因为池州市下辖东至县，二是因为池州市棠溪镇也产此纹石，且东至县葛公镇与地处九华山系的棠溪镇，不在一个山系，却都属池州市管辖。

从右图中可从看出，在葛公镇到棠溪镇一线，应该都产纹石。就目前全国奇石品种看，笔者了解到的仅有灵璧纹石、来宾卷纹石和博山文石三个纹石称谓。池州纹石的定名，既容易让人们接受便于推广，也丰富了全国纹石的品种。

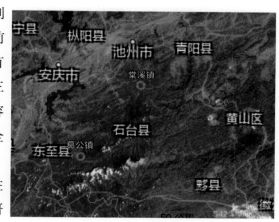

经三年来对皖南一个石种的关注与思考，在南陵县皖南观赏石文化研究会近日考察活动的推动下，在有关人员的参与和讨论中，汲取多方特别是池州纹石产地石协领导方晓陆会长的经验和建议，写出了这篇文字，终于可以交上了笔者自己还算满意的答卷，顿感欣然。

当然，关于奇石命名，最终还是要报请中国观赏石协会奇石命名审定委员会的专家学者们审定，由他们从专业角度来命名，让这一奇美的石头有一个响亮的名字！

中国观赏石协会《宝藏》杂志公众号，2019 年 6 月 14 日

您知道皖南名石"徽文石"吗

——"云"字石的命名兼谈皖南名石徽文石赏析

刘师银

文字石在奇石收藏中，可谓"可遇不可求"，很开门的文字石更是凤毛麟角！笔者收藏的一方徽文石文字石，便是其中的佼佼者。这方美石石形规整，画面清晰，对比度强烈，凸显出一个金色的"云"字。该字似以浓墨书写，隶书入笔，章法准确到位，字体结构匀称，笔画饱满圆润。这一经大自然千百万年精雕细作的"云"字，可与任何书法佳作媲美！

在为这方美石题名时，考虑到其有上、中、下三个画面，顶部有一虎面，中部"云"字，底部有三点金色的水滴。遗憾的是虎面左侧有老残，因而很遗憾地忽略了，拟题"祥云"为名。但底都的金色水滴绝不能忽略，它似夏日干涸的河流，即将迎来的甘霖，透过云层的雨水，是那么的清冽甘甜！经数月酝酿，多次修改，最终定名为《云水泽家园》（见第六十页）。让金色的云水，泽被你的家园，我的家园，他的家园，泽被中华民族的大家园！

经笔者收集整理，皖南石友中收藏的徽文石文字石，还有如下几图：《黄山》

《莲》《發》《心想事成》（以上图片略），《一坛福酒（久）》。

徽文石，产于皖南黄山北麓的多条河流中。二十多年前，由黄山奇石协会的石友们，最早在古太平县治所在地仙源镇旁的麻川河中被发现，时称"麻川石"。后来很快发现，在旌德县的徽水河、泾县的浙西河、南陵县的青弋江段，都有产出。在宁国市、广德县、浙江省长兴县安吉镇也有少量发现。

麻川河流域的黄山余脉，应是徽文石产

出的源头。笔者曾在仙源镇附近的三门山上，见过徽文石的山料。这些山料，在千百万年前，经地壳运动，河流搬运，水与砂的冲刷，才形成了如今的皖南名石徽文石。据此，越是远离黄山，其石质越是光泽温润，个体也越小。到了青弋江下游的南陵县段，基本都成了大至西瓜小至鸡蛋般的籽料，地子更黑更润，金纹更黄更凸，煞是可人。

徽文石的主要特征，就是沉稳、庄重的黑色绸缎般的地子上，由高贵、富丽的金黄色的点、线、面，构成了文字、人物、动物、风景等画面，摩氏硬度在6—7.5。徽文石的金纹，绝大部分凸起于黑色的地子，石友们称为"鼓包"，似浅浮雕而具立体感。这是因为金色部分质地硬于黑色部分，因长年水洗砂磨而成。从以下徽文石作品中，可以了解到这一特点。

作品《梅》（图略，皖南赏石文化研究会副会长钟俊先生收藏）所表现的是：一株遒劲的腊梅，枝头缀满傲雪的梅花，从树干到树枝由粗至细过渡自然，如玉雕大师以浅浮雕的手法，将她镌刻在墨玉般的地子上。该作品的大小为标准石型，置于案头，似有暗香流出。此作品曾多次参加省内外大奖赛，均获不俗佳绩。

在徽文石品种中，也有纹路与地子为同一平面的作品，形成的画面与文字虽没有"鼓包"的有立体感，但强烈的色彩对比，仍有别于一般的水石。作品《寒梅报春》（见第五九页），便是其中的精品。

该美石画面表达的是：宽阔的湖面，波光粼粼。近处一株高大的金色的腊梅，与湖对面一丛腊梅隔湖相望。她们在料峭的寒风中，向人们报告着春天即将来临的消息。该石画面构图疏密有致，"密不透风"与"疏可跑马"都恰到好处，实在让人称奇！

徽文石在个体的大小上，与其他石种相似，大到数吨，小至一拳，大小虽不同，各有其韵致。大有大的雄伟气派，小有小的玲珑可爱，无论大小，都能在您的宅中，找到合适的位置，供收藏者潜心把玩。

在徽文石的大家族中，还有一个品种，与上面介绍的黑地金纹完全不同，这就是黑地银纹，且量小难寻。如果把金纹徽文石比作皇帝，那么，银纹徽文石就是白富美的皇后了。

据笔者了解，徽文石存世量较大。因地缘优势，资源主要集中在黄山市黄山区、旌德县、泾县榔桥镇、南陵县。上述地区的石友中特别是南陵县的石友，收藏的徽文石比较集中。居住在南陵县城的皖南观赏石文化研究会副会长钟俊先生，就藏有大量徽文石精品。

但是，因徽文石属水石类，都采自河流溪水之中，现有关河道已整治多年，告一段落，当地政府部门也已严禁开采河中砂石，所以，徽文石的产出也就同时告一段落，资源仍在，得之却不易了。

关于这一石种的名称，我们已知最初称"麻川石"，现在，这一名称已经淡出。在皖南石友的称谓中，有"金纹石""金纹浮雕石""徽纹石""徽文石"。这从皖南有关市县观赏石协会结集出版的图书中可以看出。笔者曾在2012年8月出版的《中国灵璧石》杂志上，撰写《魅力徽纹石》一文，并附图十多幅推介过徽文石，当时也称"徽纹石"。随着对徽文石认识的进一步加深，契合进徽州木雕、石雕、砖雕文化，以及徽水河产出徽文石精品最多，并借鉴山东"博山纹石"改名"博文石"的成功案例，笔者近年来一直呼吁，将"纹"的绞丝边傍去掉，称"徽文石"。且在古代汉语中，"纹""文"两字通假，将"徽纹石"改为"徽文石"，文化气息更浓，也符合赏石贵在文化的理念。这一称谓，也逐步为大家所接受。当然，这还需经权威机构中国观赏石协会的专家们认可并确认。

徽文石是散落在皖南河流中的一颗颗珍珠，是大自然对皖南众多石友的慷慨馈赠，是皖南石友们所获得的天赐宝物，同时，也的确得到了皖南石友们的厚爱。

中国观赏石协会"石界"公众号，2018年7月18日

皖江八百里　美石天下奇

——安徽长江石资源调查

刘师银

　　万里长江不舍昼夜，奔流至江西鄱阳湖水汇入长江处，即江西湖口县往下，便是长江下游的起始点。湖口县长江对岸为安徽省宿松县，长江从宿松县境至马鞍山境内，应为800余华里，所以，这段流经安徽的长江，称为八百里皖江。

　　首先，本文所说的长江石，仅为皖江干流及距干流10千米之内的长江古石，而非流域面积内的石头；其次，本文所说的长江石资源，仅限奇石范畴，或者说是奇石爱好者眼中的长江石，而非地质资源类的调查；再次，本文将主要以观感直接的图片来介绍；最后，谈一下安徽长江石的产出范围和形成原因。

　　作为奇石爱好者，笔者第一次接触到安徽长江石，是在2013年。那是去南陵县观赏石协会进行交流活动时，在南陵石协副会长钟俊石友处见到，知其产地在铜陵市江边。随后，钟俊石友多次陪同我去铜陵长江边捡过石头。

　　铜陵长江石的出现，得益于我国经济的迅猛发展，基础建设方兴未艾。在建设沿江公路挖山时，让埋藏于山下亿万年的长江古河道里的精美石头显现于世，被当作艺术品走进大雅之堂，走进寻常百姓家。

　　铜陵长江石，是在邻近江水的山下挖出来的，且挖掘深度垂直达30—50米，挖得越深，石质越好，品种越是丰富。

　　从铜陵石友所藏长江石看，色彩有红、黄、绿、黑、紫、白，品种有水晶、玛瑙、战国红、响石、化石、各色蜡石，黄色和彩色泥石，黑色和绿色碧玉，白色、紫色和黑色水晶，蛋白石，木化石，以及石友所称谓的火山蛋等。这些长江石可作观赏石，也可雕琢为摆件或挂件。

随着在皖南与石友交流范围的扩大，在皖江江南上游的池州市和东至县了解到，他们收藏的都是本地产的长江石。

池州市的长江石，主要产于其属地小镇乌沙镇的罗刹矶，特别是长江枯水期江滩裸露之际，正是石友们捡石之时。

东至县的长江石，产于县属东流镇和胜利镇。在裸露的江滩上，五颜六色的石头，被江水拍打着，对爱石之人有着非同一般的诱惑。所以，这里常常人流不断，总有三五成群的石友在此觅石。

八百里皖江，不仅江南有美石，江北岸那沉睡地下亿万年的长江古石，同样因施工挖山而显露出来，给长江北岸的石友们送上了捡石赏石的大餐。很多石友乐此不疲，都觉得机不可失，时不再来。为初步了解皖江北岸长江石的具体情况，2019年11月，在铜陵市长江石文化协会舒有进会长和胡明进书记的陪同下，我们在皖江北岸溯江而上，先后对枞阳县、安庆市和望江县，进行了实地考察和调研。

在枞阳县吴小强石友的石馆里，笔者不仅见到了枞阳地产长江石，还有从铜陵、东至、望江购买的精品长江石，大多为缠丝玛瑙质地，虽无突出的画面石和象形石，仅从色彩和质地来欣赏，也是爱不释手。

枞阳县长江石的产出地，皆为江滩裸露之石，但品种和色彩都没有铜陵长江石丰富。

离开枞阳县，在安庆市观赏石学会满正航会长的陪同下，我们一行来到安庆市西郊的一个工地。这里距长江约15华里，因工地挖掘不深，产出的石种不多，只能从中寻觅一些质地好的景观石把玩。尽管如此，安庆石友也是非常高兴，他们仍在期待，有朝一日，如果有大的工程建设，挖山再深一些，当有更多更美的安庆长江石问世。

望江县是此行考察调研的最后一站。在望江县石友家中赏玩长江石，又是另一种风格。这里的长江石，个头小，质地好，颜色更鲜艳。印象较深的，是望江县观赏石协会朱崇光会长那红色鱼形长江石，色彩艳丽，形象逼真，过目难忘。

望江县长江石，出现在距长江7华里的丘陵地带，同样是修建公路挖山填塘时得以出现，挖去的山头高约20多米。

笔者从上述了解到的情况，可以对安徽长江石的产地范围及形成原因，做一个大致的介绍，请看"安徽长江石分布图"图示：

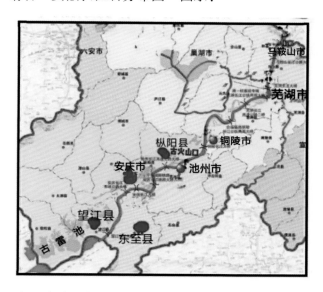

从上图我们可以看到，安徽长江石，目前只是在望江县、东至县、安庆市、池州市、铜陵市及铜陵市属枞阳县有产出。望江县上游约100华里目前未发现长江石的踪影，这是因为那湖泊相连的水域，为成语"不越雷池一步"中的古雷池，自古便是一大片沼泽，距长江往北50多里才能见到丘陵。笔者曾在那里生活过20年，未见被挖的丘陵有卵石出现。下游从芜湖市境到马鞍山市境内，无论是长江水域或是建筑工地，也未有长江石的出现。这是因为长江古河道未流经芜湖市和马鞍山市，现在流经的是改道后的"新"长江。而中华名石南京雨花石，其产生的源头恰恰就是皖江两岸的石头，经长江古河道江水的长年冲击搬运，最终淤集在南京六合的砂砾之中，经多年孕育，才形成了这玛瑙质的雨花石。至于铜陵市至南京六合的长江古河道现在何处，又是怎么流到六合，六合的长江古道又是何时改道的，则不在本文叙述的范畴了。

目前可以这样认为，安徽长江石，仅产于皖江望江县到铜陵市一段四百多华里的水域或山下。

质好色美品种多的安徽长江石的形成，可能是长江古河道的遗存，是从长江上游由江水冲刷搬运而来。那么，它是否与铜陵市属枞阳县浮山古火山口有关联呢？

浮山古火山口，是已被确认的安徽三大古火山口之一，另两座为合肥市的大蜀山和明光市的女山。浮山古火山口，地处"郯（山东郯城）庐（安徽庐江）断裂带"的东南端，当年的地壳变动应非常频仍。再看安徽长江石产地的分布情况，是从浮山古火山口呈辐射状延展开来的。

据铜陵市枞阳县籍张利耀石友介绍，浮山往东北约八十华里的方家仓不远处有座合明山，已发现色彩丰富艳丽的石头，山上和农田里都有。他曾赠笔者三方切割不规则的印章料石，据告知便是产自那里。经试刀，硬度约2.5度左右，且不崩不裂，无杂质易于篆刻。

浮山古火山大约于1.7亿万年的侏罗纪时期喷发，后渐息为死火山。沧海桑田，火山喷发出的各类物质，经地壳运动，又经水流冲刷搬运和风吹日晒雨淋，吸收了日月的精华，有些则深埋于地下。现经人为开采或水流冲刷裸露地表，这些精美的石头，才进入人们的视野，登上大雅之堂。根据笔者对安徽长江石资源的调查了解到，安徽长江石以景观石赏玩为最，鲜见精美的画面石出现，应该说是一件憾事。铜陵市出产的长江石，品种最多，色彩最为丰富，赏玩长江石的队伍人数最众，望江县次之。这应是铜陵市和望江县两地施工工地较多，挖掘较深，长江石出土多的缘故。因而，目前铜陵市赏玩长江石的风气盛于其他市县。

正因为如此，铜陵市长江石文化协会应运而生，于2019年12月8日正式成立。成立大会在协会名誉会长乔东球先生的亲自操办下，隆重而热烈。省市有关领导、兄弟省市石协的领导及部分石友参加了会议。中国著名画家何家英、著名作家冯骥才、著名相声表演艺术家姜昆和杨少华、杨仪父子，发来了祝贺视频。

铜陵市作为安徽省长江石赏石文化发展得较好的皖南重点城市，在协会成立之时，得到了皖南赏石联谊会（筹）17个成员协会的大力支持。除悉数参加成立大会外，各协会还组织携带皖南各地多品种奇石精品，参加铜陵市长江石文化协会成立大会的皖南奇石精品展，为成立大会助兴。

铜陵市长江石文化协会在成立大会上宣布，聘请皖南赏石联谊会（筹）17个石协的秘书长和部分资深石友，担任该协会的副会长，以期与皖南各市县石协的联系更紧密，石友更团结，共同推动皖南赏石文化的发展，并将安徽长江石推向全国！

庚子春，宅家抗新冠，写毕于艺瘦堂
央视融媒体"赏石之路"栏目公众号，2020年4月3日
中国观赏石协会"石界"公众号，2020年4月8日

浅析画面石在古代赏石中的地位及其对后世的影响

刘师银

画面石，是在天然石头上产生的具有书画气韵的、纯自然的作品，内容包括人物、山川、云朵、树木、文字等。

在我国赏石文化的发展史上，画面石的遗存，并没有景观石的遗存富有，有传承的经典画面石的面世，更是凤毛麟角。尽管如此，画面石在赏石文化一脉中并未被湮灭。其中的经典代表，便是"雪浪石""诸葛拜斗石"以及镶嵌在古代家具中的"大理石"。

雪浪石，是苏东坡1093年赴任定州知州（今河北定州）不久发现的一方石头。该石形体适中，石质坚贞，黑地白脉，纹理曼妙，为画面石中佳品。苏东坡见似雪浪翻滚，水珠跳跃，变幻多端。联想到自己的身世，触景生情，诗兴大发，作雪浪石诗，将所思所想倾注于石与诗之中。

雪浪石

宋·苏轼

太行西来万马屯，势与岱岳争雄尊。
飞狐上党天下脊，半掩落日先黄昏。
削成山东二百郡，气压代北三家村。
千峰右卷蠹牙帐，崩崖凿断开土门。
竭来城下作飞石，一炮惊落天骄魂。
承平百年烽燧冷，此物僵卧枯榆根。
画师争摹雪浪势，天工不见雷斧痕。
离堆四面绕江水，坐无蜀士谁与论。
老翁儿戏作飞雨，把酒坐看珠跳盆。
此身自幻孰非梦，故园山水聊心存。

苏东坡因受"乌台诗案"牵连，官场不顺，一贬再贬。离开定州时，未能将"雪浪石"随迁，仍念念不忘，又多次隔空为其赋诗，可见东坡对"雪浪石"的钟爱。

清乾隆皇帝听闻"雪浪石"大名，曾六次专为此石御临定州，并先后为"雪浪石"赋诗三十六首。

"诸葛拜斗石"，现陈设在北京故宫御花园。该石绝妙之处，是左侧白色的地子上，形成了一位身着长袍躬着身的古人，双手作拜揖状，右侧赭红色的地子上，现有七个白色的斑点，其排列如北斗七星。整个图案与三国名相诸葛亮夜拜北斗的故事相吻合，实为奇中之奇！

斗就是北斗七星，道教认为，北斗七星主管人间生死福禄，所以特别受青睐，有些老道士专门修习拜斗。从宫廷为这方石头定制汉白玉须弥座便知皇家对此石的喜爱与重视。

在古代画面石赏石文化中，大理石画面石可谓是一支大军，镶嵌在古家具里，在大小屏风里，在壁挂条屏里，都能见到它们的身影。这就为当代的打磨石的出现和发展，奠定了雄厚的理论和实践的基础，也得到了当下打磨石的全盘借鉴，并有所创新。

以上介绍除大理石画面石外，"雪浪石"和"诸葛拜斗石"，是传承有序的画面石，在石界应该是赫赫有名、如雷贯耳了。

现在，画面石作为赏石的一个重要类别，其品种丰富多样，与古代赏石中的画面石在品种和数量上讲，已是不可同日而语了。长江石、黄河石、灵璧石、宣石、辽河石、景文石、徽文石等，不胜枚举。画面石是大自然长期打造的艺术品，不似人为而胜似人为。但是，对画面石的收藏与欣赏，需要一定的知识面和文化修养，以及对大自然的钟爱。要真正读懂画面石的神韵与玄妙，必须提高审美素养，向师长学习并平心静气地与石友们切磋，才能获得意想不到的效果。

下面，就自然艺术与人为艺术也即画面石与绘画技法作一粗浅的对照和勾连。

一、画面石具象的作品，少之又少，精品石更是一石难求，全凭石缘。具象的画面石，如同绘画技法中的工笔、白描和双勾，笔墨精准到位，画面干净利落，人与物在石面上的反映与真实的人与物相差无几（大小除外），极具神韵。如"宝钗扑蝶"（见第五五页）。

"宝钗扑蝶"为仕女全身像，轮廓分明，动感强烈，呼之欲出！虽未见鼻子眼睛，却与"远山无树，远人无目"的作画技法相吻合。

二、抽象画面石的结构，应属于兼工带写的小写意创作技法。这类画面石人或物的主要部分如头、身段、动态取向等，必须有一至两个方面是可以直观的。反映景观的如山或树、太阳或月亮等，比较突出好认，其附属的如山、水、云等，则只能在画面中去意会了。

三、有些画面石的图案，无论人或物，抑或是景观，在石头上生成的图案，都似夜间观物，其对比度强烈与否，有如大写意和泼墨的绘画技法，对石上画面都只能意会，或任由想象的翅膀去翱翔了。如"僧敲月下门"（见第五八页）。

四、有些画面石，因为形成画面的部分凸起于石头表面，且凸起的部分高低不同，如灵璧珍珠石、陈炉石、徽文石等。严格意义上说，这一类画面石应列入浮雕画面石，它不但具有浅浮雕的特点，还有深浮雕的韵味。如"接福图"（见第五六页）。

画面石深受石友们喜爱，其主要原因，是奇石天然形成的唯美构图，形象地反映出自然风景、历史传说、神话故事、风土人情。大自然竟能创作出如此地贴近我们的生活的画面，除了感到惊喜外，总是让人百读不厌、百看不倦，回味无穷。

赏读画面石，不同的文化素养，会得出不同的赏石结果，也可以说会有不同的收获。画家赏石，可以立即形成画面感；诗人赏石，可以激发灵感而赋诗；作家赏石，可以引导出一个生动的故事；书法家赏石，会被石上灵动的线条所折服。

如果将赏石文化比作是随历史而流淌至今的一条河流，"雪浪石""诸葛拜斗石"和"大理石画"，就一定是这条河流上的航标灯，从来就没有被忽视过！恰恰是它们，将现代蓬勃兴起的赏玩画面石之风的历史，溯源到了一千多年前，也证实了画面石早已是赏石文化大家庭之一员了。画面石在赏石历史上奇少出现名石，恐怕要归咎到客观原因上。首先是中国地大物博，历史上人口稀少，赏石是文人士大夫之事，没有现在的赏石人口众多。其次是过去的经济状况极差，人人忙于"稻粱谋"，所谓"贾府里的焦大是不爱林妹妹的"，这也是古代没有形成画面石赏玩之风的原因。

尽管如此，苏东坡的"雪浪石"，北京故宫里的"诸葛拜斗石"，仍是石界膜拜的丰碑！当代石界也会从中汲取到有助于提高赏石水准的养分，并将画面石赏玩之风发扬光大。

中国观赏石协会"石界"公众号，2018 年 6 月 25 日

宣石与《红楼梦》中的宝黛二钗

刘师银

可叹停机德，堪怜咏絮才。

玉带林中挂，金簪雪里埋。

这是《红楼梦》中曹雪芹为金陵十二钗所作的判词中的一首，让薛宝钗和林黛玉同为这一首判词所对应的人物，给后人研究《红楼梦》留下了十分难解的注脚。有人说：宝钗是封建礼教的卫道者，黛玉是叛逆者；有人说：宝钗世故持家，黛玉尖酸刻薄；有人说：宝、黛互不相容；有人说：宝、黛惺惺相惜；也有人说：宝、黛应"二美合一"，等等。这些都非本文重点，且忽略而过。

宣石，作为一种古老的观赏石品种，在《红楼梦》第五十二回中，有如下描述，"走进林黛玉的闺阁，因见暖阁中有个玉石条盆，里面攒三聚五栽着一盆单瓣水仙，点着宣石……"这是曹雪芹为塑造林黛玉那"身本洁来还洁去"的形象，精心营造的一个优雅的环境。

那么，宣石怎么又与薛宝钗联系上了呢？

时间走到了距《红楼梦》成书后三百多年的2017年，在上海桃博园赏石博览会上，一方获得金奖的宣石籽料画面石惊艳亮相，使得薛宝钗在现实中与宣石紧密地联系起来。

"宝钗扑蝶"石规格为 7 cm × 9 cm × 3 cm（图见第五五页），糯白色的地子上，似用勾勒与皴法相结合的绘画技法，描绘出一位亭亭玉立的少女，长裙宽袖，发髻高耸，目光所及之处，有一只展翅飞翔的蝴蝶，宝钗手举葫芦形团扇，正欲扑之。该石画面人物形象生动，身材略显丰满而不失少女雅气，与《红楼梦》中所描述的薛宝钗形象并无二致。宝钗扑蝶的描写，是对宝钗在大众面前世故、稳重、说教、好谋略的大家闺秀的形象的颠覆，那是在长辈、在众人面前的克制和自我约束。一旦独处，便可露出她少女的天真、率性，毫无顾忌地与蝴蝶嬉戏，享受融入自然的快意，这才是薛宝钗天性、真实的一面。

这方"宝钗扑蝶"画面石，形象准确地表达了这一层意思，使人们对大自然的这幅杰作惊叹不已！

在上海桃博园石展现场，该石得到了中国观赏石协会陈民府副会长的赞赏，他说："这枚画面石石型规整，画面对比强烈，人物比例准确，形象生动，呼之欲出，且人物所居画面的位置恰到好处。如此精美的宣石人物画面石的出现，实属凤毛麟角！"

的确，在宣石藏家中，目前仅此一方，在其他众多观赏石品种中，也极为罕见。据宣石文化研究会会长、宣城石博物馆副馆长、宣石收藏家李相彬先生确认，"宝钗扑蝶"是宣石的水冲宣，石质细腻、糯白有着白玉一样的润泽，水冲宣是宣石中的籽料；黑色的画面隐着青色和青花玉一样，所以被称青花宣，籽料青花宣是宣石中十分难得的钻石级品种。

既然在《红楼梦》研究中有"二美合一"之说，那么，这方宣石"宝钗扑蝶"的美妙画面中，就既有了薛宝钗的神韵，也有了林黛玉的影子。林黛玉当年对宣石的钟爱，和现见薛宝钗神秘地附在了宣石上，这是宝、黛二钗情缘难割的见证，也给"二美合一"之说提供了一个天赐的物证。

"宝钗扑蝶"一石，现收藏于皖南赏石联谊会（筹）秘书长、芜湖市观赏石协会副会长刘师银先生的艺瘦堂。

据刘先生介绍，其有缘偶得的这方美石，因角度转换，除"宝钗扑蝶"外，还有"虎啸山峦""醉拳"两个独立的、内容完全、非常精准的不同的画面（见以下两图），所以，一直当作手把件把玩，爱不释手。在一次饭局上不慎丢失，后失而复得。

待配好黑檀底座后，被同是芜湖市观赏石协会副会长的邱铭先生看中，并谈妥以近六位数的价格转让，还约定，若获金奖交易数超六位数。当"宝钗扑蝶"真的获得金奖后，由于两人是挚友，一位难以割爱，一位不忍夺爱，此石的交易便在友好中爽约了。

这方串联起《红楼梦》中宝、黛二钗的精美的宣石，已作为艺瘦堂的镇馆之宝，受到了堂主刘先生的厚待。

中国观赏石协会"石界"公众号，2017年11月18日

魅力徽文石（外三章）

鲍建生

六月，在苍绿的山水间，艳阳当头，山风习习，流水潺潺，这是一次亲近大自然的快乐之旅。我和我先生来到皖南山区旌德县的一条溪流，首次接触到一种叫做徽文石的美石。

每一次外出捡石，我都很兴奋，全身心的愉悦。车开到溪河边，我便会是第一个跳下车并趟进溪水中的人。溪流曲曲弯弯，溪水冲击着岩石，哗哗作响，溅起四散的水沫。溪岸上是一脉稀疏的杂木林。几株枝繁叶茂的樟树，经过溪水的冲刷，裸露出粗壮的根来，枫树轻轻地落下几片黄叶。溪岸边寂静得很。在溪水的一处弯道中，我们寻到了各一百多斤的两方美石。

这一方徽文石，是在黑色的地子上，布满了粗细不匀的金色条纹，向一个方向倾斜着，似湍急的流水，又似九九归一向天飞翔的大雁，好一幅天天向上的动感图画！大自然的鬼斧神工让人兴叹。（图见第七一页）

另一方美石更为神奇，它像是一块黑色的天鹅绒上绣着的金色的图画：近景为数株怒放的腊梅，两根细嫩的枝条，遒劲有力地伸向右上方；中景为一清澈宽阔的湖泊，左侧近岸荡漾起层层微波；左侧与顶部仍可见梅树丛丛，梅花朵朵，并有数瓣幽香的花瓣随意地漂在湖面上。该石的画面构图"疏，疏可跑马，密，密不透风"，与画家们构图竟如此的相似，足以惊叹大自然的神奇精妙！（图见第五九页）

据同行的南陵县观赏石协会钟俊副会长介绍，徽文石的金纹以线条和不规则的块状为主打，鲜见有画面的，有画面是十分难寻的精品！而该石所在位置曾是多人多次涉足之地，却被我们觅得，足见该石与我们的相遇相知之缘，也印证了赏石界"深山美石等主人"之说。

铁钎，绳索，杠子，石友，全聚拢来了。我先生显示出了四十多年前在兵团当知青的功底，用绳索将石头捆绑好，我俩一步一步把石头抬上了车。我对先生说："嘿，咱们家一下子就多了两方厅堂石。"

不远处，挖掘机的作业面形成了微型的堰塞湖，同去的石友大刘正在湖边挖一方徽文石，突然石头滚落湖中，只见大刘跳入水中，双手托起石头，大家赶紧跑来帮忙。我问大刘："这么大的石头，你怎么能搬得动？"大刘说："石头在水里不重，托出水面就重了。"我想到了，这应该是水的浮力作用使然。专程从上海赶来、与我们同去捡石头的、我先生当年在安徽生产建设兵团的战友吴茂开说："看见大刘跳下水，我也想跳下去，我也能跳下去。可我想，我跳下去干什么？摸什么样的石头？我不知道。看见你们捡石头，这个过程真是享受！这个过程就一次不够啊。"

看来，又要紧锣密鼓地安排下一次的觅石行程了。

七星河觅石

南陵出美石，我早就听说了，去一趟七星河的想法，始终在脑海中萦绕。

一个晴朗的周日，在南陵奇石协会两位朋友的陪同下，终于来到了七星河畔。因为是旱季，七星河并没有汹涌澎湃的大气，而只有涓涓细流，河床宽阔、裸露，正是寻石的好时候。我们时而在河床上，时而下到水中，寻找心中的美石。七星河奇石属蜡石范畴，也有质如玛瑙的奇石，煞是好看。在清澈的河水中，一块鲜红的石头，在水中特别惹眼。七星河河水清澈得很，像刚刚汲起来的泉水。河底的卵石，一块块都看得清。水是浅浅的，涉水过河，只淹到小腿肚。我双脚泡在清澈的河水中，两眼在河床中寻觅。

突然，我的手机响了，"喂，你在哪"？手机传来朋友刘向欣的询问。"我在七星河捡石头"。"好你个鲍老师，捡石头也不叫上我"。对方传来嗔怨。"下次，下

次"。我忙不迭地答话，忙不迭地挂机。这时我发现了一块美石，刨出来看，是一

方黄蜡石中的筋蜡。圆形的石头上经线纬线相互交错相织，线连线的结点处形成空隙，宛如蜜蜂筑起的巢，安了个家，它们在这里生息，繁衍，劳动，享受。好一块蜂之巢。石的皮，黄中饯赭，洞隙中还透出晶亮，那是玉化了晶体。我爱不释手，忙在清水中洗干净，放进我的包包里。

经半天的寻觅，我收获颇丰。特别是一方被命名为"西点教官"的美石，其石质为玛瑙，呈半透明状，上方布满球状晶体，似鱼脑冻，更奇的是此石有丰富、规整的造型，完全是一个军校教官的侧面头像，而神态恰似正在训斥不听话的士兵。圆睁的眼，张大的嘴，耳、眼、耳、嘴的大小、位置，都比例恰当。一方奇石有质，有色，有型，实乃一方美石也。

不知不觉中，落日已被地平线遮去一部分，晚霞映入七星河，山峦间渐成黛色，河两岸更显静谧。我们依依不舍地离开了这条神秘的河流，相约了下次再来的日子。

晚上，七星河在我的梦里流淌着。

石上风景

初夏的清晨是明亮的、美丽的。天上有一个白色的月亮，还没有降落下去。太阳已经升上来。我和我先生已乘上了客车，出芜湖，经宣城，转车到华阳镇，再步行翻两座小山，就到了景纹石的产地——与宁国接壤的华阳河。

景纹石的出处仅在一座山体，每年经雨水冲刷下来，形成了大小不一、花纹迥异，图案精美的卵石。其硬度不高，但是，在山洪冲刷下，石与石之间的碰撞磨擦，表面也会光滑坚硬。景纹石因铁元素的浸润，深埋于沙砾中，形成了深红色线条和图案，成为奇石收藏的一个新品种。当地人称其为"花纹石"，我国著名美学教育家王朝闻先生考察后，命名为"景纹石"，才有了这雅俗共赏又恰如其分的名称。

经雨季河水的冲刷，现裸露出一大片鹅卵石铺就的河床，我们贪婪地寻找有着美丽画面的奇石，专心致志忘记了一切，尽情地享受着清新氧离子、日光浴，劳力而不劳心。

我时而抬头看看四周，这里群山耸立，松涛阵阵，溪水潺潺，修竹篁篁，山风飒飒，远离了污染，远离了尘嚣。大自然的馈赠是丰厚的，不多时，我们就有了收获。

这是一方图案和色彩都非常优美的景纹石：落日后的黄昏，一抹晚霞映在天幕上，余晖晕笼罩着远山，山被染红了，一棵参天古树挺拔兀立，使画面像一幅大写意的山水画。那树上的枝条苍劲有力，而小山头留有笔力雄健的飞白效果，不仅耐人寻味，还能引发人们的丰富想象力。

这一方景纹石，画面为虬曲的老树枝干上，缠绕着无叶的枯藤，两只无神的昏鸦落在树干上，有马致远《小令·天净沙》的词意。好一幅"枯藤、老树、昏鸦"的构图，好一方可爱的奇石！又有收获了，这由心底涌出的喜滋滋的感觉真好。

时间过得真快，惦记着晚上想回芜湖，我们背着一大包的景纹石出了山坳。石头越背越重，脚步越走越沉，仿佛山路越走越远。这时，一辆拉水泥的三轮机动小车路过，我们赶紧花三十元钱为这包石头买了张车票，我们跟在后面，一路走着回到华阳镇。

可是，去宣城的中巴车已开走了，我们滞留了。"今晚回不去了，既来之、则安之，住下吧。"我先生说。

我们找了一农家旅社。晚餐，二十元的野猪肉火锅，美味佳肴；住宿，二十元的农家旅社，床净几明，周末的日子，换一种过法，真的挺好！

章渡绿泥石

寻寻觅觅，终于在老友中找到了情趣爱好相同的石友。这不，约好周末一同去捡石头。这次寻石的目的地是泾县章家渡。

汽车一路飞驰，驶在村村通的水泥路上。阡陌纵横的田埂，已被笔直平坦的水泥路取代，这是一项利民工程。听村民说，修村村通的路，不用村民拿钱，只

是挖出河里的沙卖出。当挖掘机挖开河道，取走里面的沙砾，挖出了千万年被掩埋的美丽奇石，又疏通了堵塞的河道，政府做了一件农民得利、河道疏浚、道路畅通这一举三得的好事。

我们一下车，被眼前的情景震住了。这个沙石场建立在河道中央，挖掘机的工作业绩，是已形成的几十个卵石堆积的小山。卵石堆里躲藏了好多精美的石头，有徽文石，有黄蜡石，特别是绿泥石。这些彩色的石头无论是从瘦、皱、漏、透丑等方面去取舍，还是从色彩斑斓上观赏，或是从形状形象方面去想象，都足以让我们这一群人琢磨的了。不容多思考，我们已奔向自己的喜好，在不平坦的河滩上蹒跚地寻觅着。

我喜欢彩色的石头，目光盯着绿泥石了。绿泥石，绿色，有光泽，透明或不透明，多为鳞状集合体，分布在多种结晶片岩中。

这是一方十分精妙的象形绿泥石，是一只完整的"金刚鹦鹉"的实体雕塑。绿色的羽毛为主，腹部的羽毛微黄，长而弯曲坚硬的喙，特别是那白色的大眼睛非常传神，眼珠中间那条绿色的横直线，似绘画技法中的高光，使这只石质鹦鹉灵动起来，并传递出鹦鹉那憨厚和慢条斯理的习性来，看后十分惹人喜爱。

这方该取名为"金色露珠"的绿泥鼓钉石，当我发现它时，它如鹤立鸡群般出现在乱石堆中。它那绿色的质地上，如鼓钉般金色的包块凸起，处处光滑可人。

又如露珠般的凸起物，形状有圆的也有长的，观赏它，使人浮想联翩，爱不释手。

收获颇丰，该打道回府了，我们把各自寻觅来的美石做一番筛选，评赏，装包。汽车载着我们，载着石头，离开河滩，开到章家渡。

章家渡，青弋江上游重要码头。1938 年

7月至1940年底，新四军曾在此设立兵站，转运军需物质。章家渡镇的小木楼倚水而建，奇特新颖，有江南"千条腿"之称，人称江南的吊脚楼。这里风景独秀，民风淳朴；河岸边老树参天，古藤缀拂；小镇上的人们是那样安逸、悠闲。只是如今的吊脚楼已成危楼，楼内的年轻人都已迁居他房，若想作为古迹保留这些"千条腿"，需要一大笔投入。

章渡的青弋江流水，多么清澈，只是水位很低，河里的许多岩石，都露到水面上来。天空很蓝，河岸上那乌桕树，树枝上的叶子有的变黄了，有的变红了。风吹来，红的乌桕叶子和黄的乌桕叶子，好像一只只黄蝴蝶和红蝴蝶从树枝上飞起来，飞到清澈的流水中，变成一只只黄的小船和红的小船，向下游、向长江、向大海航行了。它们会像我包包里的美石一样，向人们介绍着章家渡哩。

《中国灵璧石》杂志特刊，2012 年 8 月

文化赏石　永无止境（跋）

刘师银

终于付梓了，我们的《艺瘦堂藏石选——百石、百词、百书、百印》！

从送稿到排版，再到成书，正值辛丑夏日，一段骄阳似火的日子，一如我们退休后如火如荼地玩石的过往。一年多来，虽有国内著名公众号"中国观赏石电视频道"和"赏石之路"的不断推送发表，为中国赏石界尽知，当即将成书之时，仍满怀期待和欣喜不已。

本书发轫于丁酉，旨在将我们20多年来的赏石历程，用美石为载体，做一个可感知的总结。尽管我们曾编辑过一部《艺瘦堂藏石选》，以内部交流资料的形式印刷成册，那只是为本书的正式出版做一个尝试，做一个铺垫。相比较来说，前者是对美石近乎裸体的简装，今者，则是对精心挑选的美石做了豪华包装，不可同日而语。

丁酉春日，芜湖籍著名诗人张双柱先生作客艺瘦堂，被美妙的石头所感动，诗兴大发，用时近一年，为艺瘦堂藏石分别作词100阕。在此过程中，双柱先生每有一词作成，我便配上相应的美石图片发往朋友圈，被芜湖籍著名书画家葛国良先生配以其创作的书法作品发出。遂有朋友建议，百石、百词，再有百书岂不更佳！于是，我们便从一个100，二个100，到了三个100，开始向书法界朋友征集作品。葛国良先生成了本书"百书"的肇始者。

在确定了"三个100"的艺瘦堂藏石选的模式后，邀友再聚艺瘦堂行"奠基"仪式之时，张双柱先生提出，若再有100方印章衬托就更好了，我当场允诺。几乎是与爱上玩石的同年，我曾看着北京著名篆刻家生存义先生的教学光盘，认真学习过篆刻艺术，动手篆刻过不到100方的印章，双柱先生的建议，使我又有机会重拾旧好。待有近80方刻完后，邀芜湖籍著名书法篆刻家王宏先生，到艺瘦堂进行评定，他认为可用的成品不多。从此，在王宏先生的悉心指导下，我全部磨去重刻。当每刻好一方，觉得不满意之时，再行重刻。本书共用章120方，几乎都刻了两遍，有的甚至刻了三遍、四遍。我深知，尽管用了洪荒之力，仍不尽如人意。

如此，这本书就成了现在的《艺瘦堂藏石选——百石、百词、百书、百印》，加上我夫人以30多年小学语文老师的文字功底，倾情创作的98方美石的简洁的赏析文字，另有葛国良、张双柱各创造一题，实际上已有五个100了。再从我们已公开发表的20多篇赏石类文章中选取8篇，以"阅石有言"的篇章入书，与"天工雕塑·象形石""天工彩绘·画面石""天工创意·景观石"共为四个篇章，并用"春（寿山石）""夏（松花石）""秋（黄蜡石）""冬（灵璧石）"四大著名石种做篇章页，既简单明了，又系统完整。

《艺瘦堂藏石选——百石、百词、百书、百印》的出版，在我们无意的追求之中，竟做了一件前无古人的事，这也是对我所追求的"以文赏石，以石富文，赏石之道，贵在文化"理念的回报。

一石，一词，一书，一印，

石、词、书、印文化联姻，

词、书、印以美石为载体，

美石因词、书、印而显贵。

尽管一方方美石有词、书、印加持，但是，在文化赏石的过程中，诠释美石的手段并未穷尽。

我认为：赏石文化和文化赏石，是两个完全不同的概念。赏石文化有着几千年甚至上万年的历史，"人猿相揖别，只几个石头磨过，小儿时节。"（毛泽东诗句）赏石文化，实际上贯穿于人类发展史，从有文字记载，可追溯到上古时期的《尚书·禹贡》中关于青州石的记载。赏石文化是以天然奇石为主要观赏对象，在不断的发现中总结出来的一整套的方法、理论和原则。而文化赏石，是以天然奇石为载体，从人文的视角，围绕奇石的色、质、形、纹、韵，注入文化内涵，使天然奇石具有艺术生命力。其主要手段有：配座、置景、命名、配文、摄影、展示，等等。对一方奇石的赏析，则反映出赏析者的文化底蕴，没有传统文化的积淀作支撑，赏石活动无法正确开展。

从赏石文化和文化赏石的属性看，赏石文化是分母、是外延；文化赏石是分子、是内涵。文化赏石可以有不同的、多种形式的对天然奇石的解读，这正是对赏石文化内涵的丰富和贡献。

《艺瘦堂藏石选——百石、百词、百书、百印》中，每一方美石都以词、书、印的形式加以诠释，将我国四个传统艺术相融合，让石、词、书、印得以升华，这正是力图对当代文化赏石的方式做一点探讨和尝试，以丰富当代赏石文化的内涵。

在选择我们的藏石入书时，考虑到印刷成书后的美感，选取色彩各异、产地不一，石种多样的美石入册，每一方石头都是我们眼里的精品，所选美石都是有故事的，无论象形石、画面石，还是景观石。

本书最惊动世人的，当是书法作品的征集。在书法作品的作者中，有书法界最高奖"兰亭奖"金奖得主，有国字号书法家，有省市级书协的书法家，也有书法爱好者。尽管在编辑极认真的校对中，发现有极少的书法作品存在缺字、错字现象，但瑕不掩瑜。在此，对参与本书书法作品创作的所有书者，表示衷心的感谢！

我的好友董金义（荆毅）先生，以资深媒体人的丰富经验，对本书的版面结构，提出了宝贵的建议，并为本书创作了多幅书法作品，还拨冗为本书作序，给本书增添了光彩！在此表示衷心的感谢！

四年来，对始终关心、关注并为本书提出宝贵建议的省内外各界朋友们，我们当然不会忘记，将您的姓名列入专设的顾问名单，以表示衷心的感谢！

一切过往，皆为序章…………

如果，赏石文化是艳艳的花园，我愿做苍翠的绿叶一片；

如果，赏石文化是浩瀚的大海，我则是微小的沧海一粟。

是为跋。

辛丑仲夏写于艺瘦堂